KB203247

숨은 그리스도인의 침묵

숨은 그리스도인의 침묵
— 나가사키·아마쿠사 잠복(潛伏) 기리시탄 문화유산 답사기

2019년 11월 1일 초판 1쇄 인쇄
2019년 11월 8일 초판 1쇄 발행

지은이 | 강귀일
펴낸곳 | 도서출판 동연
펴낸이 | 김영호
주 소 | 서울시 마포구 월드컵로 163-3
전 화 | (02)335-2630
전 송 | (02)335-2640
이메일 | yh4321@gmail.com
블로그 | https://blog.naver.com/dong-yeon-press

ISBN 978-89-6447-537-9 03200

숨은 그리스도인의

침묵

Hidden Christian Sites
in the Nagasaki Region

나가사키 · 아마쿠사
잠복(潛伏) 기리시탄
문화유산 답사기

강귀일 지음

동연

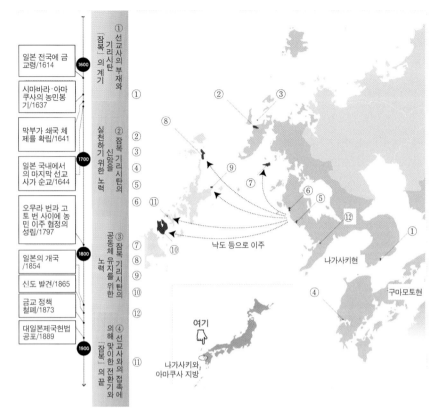

일본 전국에 금교령/1614

시마바라·아마쿠사의 농민봉기/1637

막부가 쇄국 체제를 확립/1641

일본 국내에서의 마지막 선교사가 순교/1644

오무라 번과 고토 번 사이에 농민 이주 협정의 성립/1797

일본의 개국/1854

신도 발견/1865

금교 정책 철폐/1873

대일본제국헌법 공포/1889

1600
1700
1800
1900

① 선교사의 부재와 「잠복」의 계기 기리시탄

② 잠복 기리시탄의 신앙을 실천하기 위한 노력

③ 잠복 기리시탄의 공동체 유지를 위한 노력

④ 선교사와의 접촉과 「잠복」의 끝 의해 맞이한 전환기와

낙도 등으로 이주

나가사키현

구마모토현

여기

나가사키와 아마쿠사 지방

나가사키·아마쿠사 잠복 기리시탄 관련 문화유산 개념도

1. 하라성터(原城跡)
2. 히라도의 성지와 마을-가스가 마을과 야스만산(平戸の聖地と集落-春日集落と安満岳)
3. 히라도의 성지와 마을-나카에노시마(平戸の聖地と集落-中江ノ島)
4. 아마쿠사의 사키쓰 마을(天草の﨑津集落)
5. 소토메 시쓰 마을(外海の出津集落)
6. 소토메 오노 마을(外海の大野集落)
7. 구로시마 마을(黒島の集落)
8. 노자키시마 마을터(野崎島の集落跡)
9. 가시라가시마 마을(頭ヶ島の集落)
10. 히사카지마 마을(久賀島の集落)
11. 나루시마 에가미 마을(奈留島の江上集落)
12. 오우라천주당(大浦天主堂)

머리말

유네스코 세계유산위원회는 2018년 6월 30일 일본이 추천한 '나가사키長崎와 아마쿠사天草 지방의 잠복潛伏 기리시탄 관련 유산'(Hidden Christian Sites in the Nagasaki Region)을 세계문화유산에 등록하기로 결정했다. 위원회는 이 유산에 대해 '막부의 금교정책 아래에서 남모르게 육성된 독특한 종교적 전통을 말해준다'고 선정이유를 밝혔다. 유네스코의 세계유산 선정 기준인 '현저하며 보편적인 가치'에 부합한다는 것이다.

잠복 기리시탄(Hidden Christian), 세계 그리스도교회사에서도 유례類例가 없는 명칭이다. 에도 시대와 메이지 시대 초기(17세기 초~19세기 말), 막부와 정부의 혹독한 금교정책 아래에서도 신앙을 유지한 크리스천들을 가리킨다. 이들은 사제의 지도를 받을 수도 없었다. 사제들은 이미 추방됐거나 순교했다. 이들은 스스로 조직을 구성하고 지도자를 세웠다. 그리고 철저하게 불교도 행세를 했다. 이들은 언제 닥칠지 모르는 관원들의 단속을 피해야 했다. 간혹 관원들에게 적발되는 기리시탄들도 있었다. 적발된 기리시탄들은 순교를 당하기도 했고 모진 고문을 받아야 했다.

'나가사키와 아마쿠사 지방의 잠복 기리시탄 관련 유산'은 그리스도교가 일본에 전해져 뿌리를 내리기까지 겪어야 했던 혹독한 탄압과 박해를 딛고 형성된 유산이다. 유럽에서 발전한 그리스도교가 문화적 토양이 전혀 다른 일본에 전해지면서 빚어진 문명충돌의 양상과 그

고난을 이겨내고 끝내 신앙을 지켜낸 일본 크리스천들의 찬란한 승리를 잘 보여준다.

우리나라에서도 천주교회가 출범한 이후 약 100년간의 금교기가 있었다. 수차례 거듭된 박해를 피할 수 없었다. 그러나 우리나라에서는 산간벽지에 신자촌을 형성해 신앙을 유지할 수가 있었다. 그리고 암약하는 사제들의 지도를 받고 세례도 받을 수 있었다.

일본에서는 사정이 달랐다. 금교기가 250년 정도 됐다. 우리와는 달리 표면적으로는 불교도 행세를 해야 했다. 잠복 기리시탄 지도자들도 세례를 베풀었다. 하지만 금교기 기리시탄들이 그들의 지도자에게 받았던 세례는 금교해제 이후에 교회로부터 인정받지 못했다. 교회로 돌아온 기리시탄들은 세례를 다시 받아야 했다.

일본 열도 전체에 금교령이 본격적으로 내려졌던 17세기 초기만 해도 잠복 기리시탄은 열도 전역에 분포했다. 그러나 이들이 오래 버틸 수는 없었다. 막부와 번의 통치제제인 막번체제가 완성된 이후 관원들은 집요하게 기리시탄 색출에 나섰다. 갖은 방법이 동원됐다. 시간이 지나며 대부분의 지역에서 잠복 기리시탄들은 소멸했다.

그러나 지금의 나가사키현 전역과 구마모토熊本현 아마쿠사 지역의 잠복 기리시탄들은 막부 말기까지 조직을 유지하며 존속했다. 이 지역은 선교 초기 그리스도교 선교의 거점지역이었다. 선교 초기부터 개종자가 많았다. 이 지역에서도 기리시탄들이 존속할 수 있었던 곳은 대개 외지고 궁벽한 곳이었다. 비교적 관원들의 눈길이 덜 미쳤던 곳이다. 지금은 천혜의 절경을 자랑하는 곳이지만 농사와 어로가 생업의 전부였던 시기에는 척박한 삶의 터전이었다.

19세기 말엽 약 250년 동안 비밀리에 신앙을 지켜왔던 잠복 기리시탄들에게도 신교의 자유가 허락됐다. 이들은 하나, 둘씩 가톨릭교회로 달려가 세례를 받고 신자가 됐다. 그러나 법률적으로는 금교가 해제됐지만 일반의 인식은 그렇지 못했다. 이들은 이교도들로부터 온갖 차별에 시달려야 했다. 공동우물을 사용할 수도 없었다. 공동어로작업인 정어리잡이 등에서도 배제됐다.

오랜 금교기를 지나 신앙을 자유를 얻고 당당한 가톨릭교회 신자가 된 이들이 그런 정도의 어려움에 굴복할 리가 없었다. 이들은 자기마을에 교회를 세우기 시작했다. 가난한 사람들이었지만 밥을 굶어가면서 자금을 마련했다. 건설공사의 힘든 일도 모두 도맡았다.

이때 세워진 교회들이 대부분 지금까지 그대로 있다. 소박하지만 정성껏 지어진 교회들이다. 고딕양식이지만 일본식 목조건축 기술이 활용됐다. 일본인 목수들이 사찰과 신사 등을 지으며 습득한 목조건축 기술도 교회건축에 응용됐다. 건물 내부의 나무 기둥에 섬세하게 새겨진 조각들이 그들의 수준 높은 기술과 예술성을 말해준다.

신자들은 주로 마을 전체가 내려다보이는 곳에 교회를 세웠다. 그래서 교회는 어디에서나 잘 보인다. 주변 지역의 자연 절경과도 잘 어울려 새로운 풍경을 만들어냈다.

교회 주변에는 신자공동묘지도 조성돼 있다. 묘비에는 자랑처럼 십자가가 세워져 있다. 늘어선 묘비에 저마다 세워진 십자가들이 늦은 오후 햇살을 받아 반짝이는 모습은 금교기를 지나 당당한 신자가 된 이들의 영광을 웅변하는 것처럼 보였다.

내가 일본 잠복 기리시탄의 존재를 알게 된 것은 2010년 후쿠오카福岡에서 열린 일본 전국가쿠레기리시탄연구회 전국대회 자료집을 보게 되면서부터이다. 자료집은 울산대학교 일문과 교수로 계셨던 안도 구니아키安東 邦昭 선생님께서 건네주신 것이었다. 울산대학교에 계실 때 알게 된 안도 선생님과는 선생님이 일본으로 돌아가시고 난 이후에도 교류를 이어 가고 있었다.

우선 약 250년간 잠복기를 거치며 신앙을 유지한 신자들이 있었다는 사실이 신비로웠다. 또 일본의 순교자와 잠복 기리시탄 가운데는 조선사람들도 포함돼 있다는 사실이 놀라웠다. 임진왜란 때 일본으로 끌려간 조선인들도 복음을 접하고 기리시탄이 됐다. 고단한 타국살이를 하며 복음에 의지했던 조선인 피로인被虜人들이 스스로 교회를 세웠다는 기록이 있다. 이들은 또 박해기 순교의 대열에도 동참했다.

잠복 기리시탄에 대해 흥미를 느끼게 된 나는 2015년부터 일본 전국가쿠레기리시탄연구회 진국대회에 참가하기 시작했다. 가쿠레 기리시탄은 한동안 잠복 기리시탄과 같은 뜻으로 사용되던 말이다. 지금도 혼용되고 있다. 2017년에는 이 연구회 회원들의 한국 순교지 투어를 안내하기도 했다. 이 연구회는 1988년 발족했다. 매년 개최지를 바꿔가며 전국대회를 열고 있다. 대개 2박 3일간의 일정으로 진행되는 전국대회에서는 지역 회원의 연구발표와 관련 전문가의 특강 그리고 관련 유적지 답사 등으로 꾸며진다. 회원 대부분이 아마추어 연구가들이기는 하지만 연구경력과 성과가 만만치 않다. 무엇보다도 탐구에 대한 열정이 대단하다.

어느 날 나는 '나가사키長崎와 아마쿠사天草 지방의 잠복潛伏 기리시탄 관련 유산'이 세계유산으로 선정됐다는 소식을 듣게 됐다. 나는 곧바로 세계유산 구성자산 12곳에 대한 답사를 계획했다. 그러나 답사계획이 쉽게 세워지지 않았다. 대상지가 대체로 섬 지역이거나 산간벽지여서 대중교통 상황이 좋지 않았다. 외국인인 내가 초행길을 답사한다는 것이 여간 어려운 일이 아닐 것 같았다.

도움의 손길은 안도 선생님으로부터 뻗어 왔다. 나의 계획을 들으신 안도 선생님은 전국가쿠레기리시탄연구회 활동일정을 가르쳐 주시며 거기에 동참할 것을 권유하셨다. 그리고 직접 안내해 주셨다. 안도 선생님은 2019년부터 이 연구회의 회장을 맡고 있다. 시마바라島原와 아마쿠사 지역 안내는 이 지역 토박이인 하마사키 겐사쿠浜崎 献作 선생님께서 해주셨다. 하마사키 선생님은 2018년까지 이 연구회 회장이셨다.

안도 선생님과 하마사키 선생님의 도움이 없었다면 이 답사기는 나올 수 없었을 것이다. 두 분의 지도와 안내에 다시 한 번 감사드린다.

답사는 세 차례로 나눠 진행됐다. 나가사키 시내 지역과 시마바라, 아마쿠사 지역을 먼저 진행했다. 그리고 히라도와 구로시마黑島, 소토메外海 지역을 답사했다. 마지막으로 고토五島 열도 지역을 돌아볼 수 있었다. 대개 한 차례에 5~6일 정도 걸렸다.

푸른 아리아케해와 동중국해를 넘나들며 소화한 답사일정이었다. 빼어난 절경에 흠뻑 빠져들 수 있었다. 히라도와 소토메 지역을 답사할 때는 때마침 만개한 벚꽃을 감상할 수도 있었다. 아마쿠사의 민숙民宿이나 히라도구치의 오래된 료칸旅館에서 내주는 생선회와 해물요리의 맛도 잊을 수 없다. 무엇보다도 신교 자유가 허락된 이후에도 가톨릭교회와는 무관하게 조상들의 신앙형태를 그대로 유지하고 있는 가쿠레 기리시탄 또는 그 후예들을 만나 생생한 그들의 얘기를 들을 수 있었던 것도 큰 수확이었다.

또 아픈 역사를 지니고 있는 지역의 문화유산을 세계유산으로 등록하기 위해 노력했던 주민들의 이야기도 들을 수 있었다. 지금도 곳곳에서 세계유산 등록을 환영하는 현수막 등을 쉽게 볼 수 있다.

　서툰 글로 답사기를 썼다. 용기가 필요했다. 이 유산은 일본의 것만이 아니라 인류가 공유하게 된 유산이다. 답사 과정에서 한국인들도 자주 볼 수 있었다. 교회에 비치된 방명록에서도 한글 이름을 쉽게 볼 수 있었다. 부끄럽지만 우리나라 독자들의 '나가사키長崎와 아마쿠사天草 지방의 잠복潛伏 기리시탄 관련 유산'에 대한 이해에 조금이라도 도움이 될 수 있다면 큰 보람으로 여길 수 있겠다.

　끝으로 영어 Church에 대한 한글 표현에 대해 일러둔다. 한국의 가톨릭교회에서는 성당이라 하고 개신교회에서는 교회라고 하는 것이 일반적이다. 일본 가톨릭교회에서는 덴슈도天主堂 또는 교카이敎會라고 한다. 드물게는 세토聖堂라고도 한다. 그런데 이를 모두 성당으로 표현하기는 적절치 않다. 인구가 적은 마을의 교카이에는 사제가 상주하지 않는다. 매주 미사가 열리지도 않는다. 우리나라의 공소에 가까운 곳이다. 여기서는 현지의 한자 표기 그대로 천주당 또는 교회, 성당이라고 썼다.

2019년 10월
강귀일

| 차 례 |

제1부

일본 열도에 전해진 복음

복음의 일본 열도 상륙과 선교

일본에 그리스도교가 전해진 것은 1549년이었다. 스페인 출신 프란치스코 하비에르(Francisco Javier, 1506~1552) 신부가 가고시마鹿兒島에 상륙해 선교활동을 시작했다. 한국 천주교회는 교회의 성립을 1784년으로 보고 있다. 이승훈(李承薰, 1756~1801)이 북경北京에서 세례를 받고 귀국해 본격적으로 전교를 시작한 것을 교회의 출발점으로 삼았기 때문이다. 일본 천주교회의 역사는 우리보다 2세기나 앞서 시작된 셈이다. 이탈리아 출신 마테오 리치(Matteo Ricci, 1552~1610) 신부가 중국 선교를 위해 마카오에 도착한 것이 1582년이었으니 중국보다도 30여 년이 앞선다. 마테오 리치가 중국에서 저술한 교의서 「천주실의天主實義」는 우리나라에도 전해졌다. 이 책은 서학西學의 발단이 돼 훗날 조선 천주교회가 출범하는 데 큰 영향을 미쳤다.

16세기 유럽에서는 대항해시대가 열렸다. 신대륙과 아프리카 대륙 남단을 돌아 아시아로 가는 항로가 발견됐기 때문이다. 대항해의 주역은 스페인과 포르투갈이었다. 스페인은 대서양 건너편에 있는 남미대

프란치스코 하비에르(Francisco Javier, 1506~1552) 신부 초상화. 스페인 출신인 하비에르 신부는 1549년 일본에 처음으로 복음을 전했다.

류을 식민지화하는 데 주력했다. 포르투갈은 인도와 중국, 일본 쪽으로 진출했다. 때마침 발생했던 종교개혁으로 교세가 위축된 로마 가톨릭교회는 신대륙과 아시아 선교를 통해 교세 만회를 꾀하기도 했다.

아시아 선교에 앞장선 것은 예수회였다. 예수회는 1534년에 설립된 로마 가톨릭교회 소속 수도회이다. 프란치스코 하비에르와 마테오 리치가 모두 예수회 회원이었다. 예수회는 지금까지도 활동을 이어오고 있다. 예수회 선교사들은 대부분 학식이 풍부한 지식인들이었다. 그렇기 때문에 교육 사업에도 큼직한 업적을 남겼다. 미국의 조지타운 대학교와 포덤 대학교, 이탈리아의 그레고리오 대학교 그리고 우리나라의 서강대학교 등이 예수회에서 운영하는 대표적인 교육기관이다. 현재 가톨릭교회의 지도자인 프란치스코 교황도 예수회에서 활동했다.

중국으로 들어간 마테오 리치는 명나라 만력제萬曆帝의 허가를 얻어 1605년 북경에 천주당을 세우는 데는 성공했지만 만족할 만한 선교 성과를 거두지는 못했다. 반면 일본에서는 사정이 달랐다. 일본에서의 초기 선교 성과는 놀랄 만한 것이었다.

일본에 복음이 전해진 지 50년 정도가 되는 1601년께 일본의 신자 수는 약 30만 명 이상이었다고 전해진다. 인구역사학 등의 연구결과, 당시 일본의 인구가 약 1,000만 명 정도였다고 하니 전인구의 3% 정도가 신자였던 것이다. 현재 일본의 신자 비율은 로마 가톨릭교회와 프로테스탄트교회를 합해서 1%가 채 되지 않는다고 한다. 참으로 대단한 선교성과였던 것이다.

당시 일본에서는 그리스도교로 개종한 사람들을 '기리시탄'이라고 불렀다. 영어의 '크리스천Christian'에 해당하는 말이다. 한자로는 '吉利支丹'이라고 썼다가 박해기에는 '切死丹', '鬼理死丹', '切支丹' 등으로 썼다.

그리스도교가 전해졌던 16세기 일본은 강력한 중앙권력이 없었던 시대였다. 다이묘大名라고 하는 전국의 지방 영주들이 약육강식弱肉强食의 무한경쟁을 벌이던 시기였다. 일본사에서는 이 시기를 '센코쿠戰國시대'라고 부른다. 15세기 중엽에서 시작돼, 오다 노부나가織田 信長가 전국을 평정한 16세기 중엽에 이르는 약 100여 년간의 시기이다.

다이묘들은 경쟁력 확보를 위해 포르투갈 세력과의 무역을 원했다. 무역을 통한 막대한 경제적 이득을 얻는 것은 물론 화포나 총 등 신무기를 도입하기 위해서였다. 실제로 오다 노부나가는 포르투갈 상인들로부터 구입한 조총을 효율적으로 활용하는 전술을 고안해 일본 열도를 제패하기에 이르렀다.

다이묘들은 선교사들과 좋은 관계를 유지하려고 애썼다. 자기 영지에서의 선교를 허용하기도 하고 일부는 스스로 개종하기도 했다. 개종한 다이묘들을 '기리시탄 다이묘'라고 했다.

예수회 선교사들은 두 가지 선교원칙을 정했다. 하나는 우선 개종을 하게 해서 세례를 주고 교리교육은 나중에 천천히 시켜나가겠다는 것이다. 다른 하나는 지배계급인 다이묘를 비롯한 무사층을 먼저 개종하게 하고 그 영향력을 이용해 평민들까지 개종시키는 것이었다. 이 두 가지 전략이 초기 선교 성공의 비결이었다.

일본 최초의 기리시탄 다이묘는 지금의 나가사키長崎 지방 영주였던 오무라 스미타다大村 純忠였다. 오무라는 1562년 자신의 영지에 있던 요코세우라橫瀬浦 항구를 포르투갈 상인들이 사용할 수 있도록 내줬다. 그리고 그는 이듬해 세례를 받고 기리시탄이 됐다. 오무라가 세례를 받은 지 3개월 후 그의 가신단 2,300여 명이 합동으로 세례를 받았다. 이어 전영민全領民을 개종시켰다. 심지어 불교 승려들에게도 개종을 명했다. 이에 불응하는 승려들은 추방했다. 사찰과 신사는 파괴했다. 1585년 오무라의 영지에는 87개의 교회가 세워져 있었다.

오무라는 포르투갈인들과의 무역을 통해 막대한 경제적 이익을 얻을 수 있었고 그 이익으로 군비를 확충할 수 있었다. 포르투갈인들과의 무역을 남만무역南蠻貿易이라고 했다.

지금의 오이타大分현 지역의 다이묘였던 오토모 소린大友 宗麟도 개종했다. 한국인들에게도 잘 알려진 온천마을인 유후인由布院도 오토모의 영지였다. 오토모 지배시기 이곳의 영민도 모두 기리시탄이었다.

그러나 오다 노부나가에 이어서 권력자로 도요토미 히데요시豊臣秀吉가 등장하고 도쿠가와 이에야스德川 家康의 에도江戶 막부幕府가 열

오토모 소린(大友 宗麟, 1530~1587) 동상. 오이타(大分)현 쓰쿠미(津久見)시 소린(宗麟)공원에 있다. 기리시탄 다이묘였던 오토모 소린은 이곳에서 말년을 보냈다.

리면서 사정은 달라진다.

금교령禁敎令

도요토미 히데요시는 1582년 기리시탄의 보호자였던 오다 노부 나가가 사망하자 그의 후계자로 부상했다. 히데요시는 권좌에 오른 지 10년 후인 1592년 대규모 병력을 동원해 조선침략을 감행한 인물 이다.

히데요시도 초기에는 기리시탄에 대해 호의적인 태도를 보였다. 그는 1586년 일본에서 선교활동을 하고 있던 예수회 소속 신부와 수 도사 등 23명을 그의 거성居城인 오사카성大坂城에 초대해 환대하기도 했다.

그랬던 히데요시가 이듬해인 1587년 규슈九州 지역까지 평정하면서 천하통일을 달성하자 태도를 전격적으로 바꿨다. 도요토미는 이해 바테렌伴天連 추방령을 내렸다. 바테렌은 신부神父의 일본식 표기였다. 이때는 히데요시가 이미 조선침공을 계획하고 있을 때였다. 히데요시가 규슈 지역 기리시탄 다이묘들이 포르투갈 세력과 밀착돼 있었던 상황을 경계할 필요를 느껴 내린 조치였던 것으로 해석된다. 한편으로는 당대 세계 최강이었던 포르투갈과 스페인 세력이 일본에서 확산되는 것을 방지하기 위한 히데요시의 정략적 판단이었다는 해석도 있다.

히데요시는 바테렌 추방령에 이어 임진왜란이 진행중이던 1597년, 기리시탄 26명을 십자가형으로 처형했다. 일본에서의 기리시탄에 대한 박해가 시작된 것이다.

히데요시 사후 쇼군將軍으로 등극해 실권자가 된 이에야스는 1614년 전국적으로 그리스도교 금교령禁敎令을 내렸다. 뿐만 아니라 포르투갈 상선의 입출항도 전면적으로 금지했다. 쇄국정책이 시작된 것이다. 다만 네덜란드 상인들의 출입항은 제한적으로 허용됐다. 네덜란드는 로마 가톨릭교회에 반감이 있는 프로테스탄트교회 세가 강한 나라였다. 네덜란드 상인들은 그들의 권익보장을 위해 포르투갈세력을 철저히 견제하기도 했다.

금교령 이후 약 30년간 기리시탄에 대한 혹독한 박해가 일본 열도 전역에서 시행됐다. 선교사들도 점차 추방되거나 순교했다. 에도막부는 물론 로마 가톨릭교회에서도 더 이상 일본에 기리시탄이 없다고 판단하기에 이르렀다.

조선인 기리시탄의 탄생

임진왜란(1592~1598)은 그 시작과 끝의 원인이 모호한 전쟁이다. 도요토미 히데요시의 명에 의해 전쟁은 발발했다. 전쟁을 시작한 도요토미가 죽자 전쟁도 끝났다.

1597년부터 시작된 정유재란이 한창이었지만 히데요시가 죽자 조선에 있던 왜군에게 철군 명령이 하달됐다. 히데요시가 죽었다는 이유만으로 전쟁은 끝난 것이다. 히데요시 말고는 누구에게도 이 전쟁을 계속 이어가야 할 필요가 없었다. 인류의 전쟁사에 이런 전쟁이 또 있을까 싶다.

히데요시의 사망은 철저히 비밀에 붙여졌다. 병사들의 사기를 고려한 듯하다. 그러나 손바닥으로 하늘을 가릴 수는 없었다. 히데요시의 죽음은 순식간에 세간에 알려졌다. 왜군은 앞을 다투며 철수했다.

이순신(李舜臣, 1545~1598) 장군은 순천 왜성에서 철군하려는 고니시 유키나가小西 行長의 길목을 막아서고 최후의 일전을 벌였다. 적군을 순순히 돌려보낼 수 없었기 때문이다. 이 전투가 조선 수군이 대승을 거둔 노량해전이다. 그러나 이순신 장군은 이 전투에서 전사하고 말았다. 천신만고 끝에 일본으로 돌아간 유키나가의 앞길에는 먹구름이 드리워져 있었다.

조선과 일본 그리고 명나라까지 세 나라가 7년 동안 조선 땅에서 벌인 전쟁은 세 나라 모두에게 극심한 피해를 남겼다. 전쟁터였던 조선의 피해는 두말할 나위도 없다. 조선을 지원하기 위해 출병했던 명나라도 막대한 전비를 소모했다. 뒤에 청나라에 의해 멸망하는 원인의 하나가 된 전쟁이었다. 원정군이었던 왜군의 인명피해도 적지 않았지만 전쟁을 후원했던 일본 내부의 피폐도 이루 말할 수 없었다.

일본으로 돌아간 왜군들은 동군東軍과 서군西軍으로 나뉘어 대립했다. 또다시 내전이었다. 양 세력은 1600년 세키가하라關ヶ原에서 결전을 벌였다. 세키가하라는 지금의 기후岐阜현에 있다. 도쿠가와 이에야스가 이끄는 동군의 승리로 전투가 끝나자 도요토미 가문도 실각했다. 서군에 가담했던 고니시 유키나가도 패장이 됐다. 기리시탄 다이묘였던 유키나가는 이에야스의 할복명령을 거부하고 참수를 자청했다.

임진왜란은 승자도, 패자도 없는 전쟁이었다. 굳이 승패를 가리자면 외침을 물리쳐낸 조선의 승리라고 할 수 있겠다. 전쟁을 일으킨 목적을 달성하지 못한 일본의 승리라고는 볼 수 없으니 말이다. 그러나 조선으로서는 승리라고 여길 수도 없는, 처절한 고통만 남겨진 전쟁이었다.

왜군은 이 전쟁을 치르며 수많은 조선인들을 끌고 갔다. 일본으로 끌려간 조선인 피로인被虜人의 수는 적게는 2~3만 명에서 많게는 10만 명 정도로 보는 견해가 있다. 일본 학계에서는 적게 보는 경향이 있고 한국 학계는 그 반대이다.

울산 지역에 주둔하다 철군한 가토 기요마사加藤 淸正의 영지였던 구마모토熊本에는 지금도 '우루산마치蔚山町'라는 지명이 남아 있다. '울산마을'이라는 뜻으로 울산 출신 피로인들이 살았던 마을이라는 데 이견은 없다.

피로인 가운데는 유학자 강항(姜沆, 1567~1618)이라는 인물도 있었다. 강항은 후에 조선으로 돌아왔다. 그는 일본에서 수집한 정세를 기록해 조선 조정에 상소 형식으로 보고했다. 이 상소문 등을 엮은 책이 「간양록看羊錄」이다. '간양록'에는 당시 조선인 피로인들의 극심했던 정황도 기록돼 있다.

피로인 가운데 약 7,500명 정도는 전후 조선 조정의 노력으로 돌아올 수 있었다. 일본에 남겨진 피로인들 가운데 일부는 포르투갈 상인들에 의해 노예로 팔려가기도 했다. 도자기 등을 만드는 기술자들은 특별한 대우를 받으며 정착해 일본 도자기 문화의 장을 열기도 했다. 그러나 대부분의 피로인들은 잡역에 종사하며 열악한 삶을 이어가야 했다. 그런 조선인 피로인들에게도 복음이 전해졌다. 조선인 기리시탄들이 여기저기서 생겨났다. 그들은 모여 사는 마을에 교회를 세우기도 했고 순교의 대열에 합류하기도 했다.

한국 천주교회의 첫 역사서는 1874년 파리외방전교회 소속 달레 Ch. Dallet신부가 프랑스어로 간행한 『조선천주교사Histoire de l'Eglise de Coree』이다.

이 책은 조선에 대한 정보가 빈약했던 당시의 유럽 세계에 조선에 대한 기초 정보를 알리는 중요한 역할을 했다. 또 한국 천주교회사의 귀중한 사료로 활용되고 있다. 이 책은 조선 천주교회의 성립에서부터 1866년 병인박해까지의 일을 상세하게 기술하고 있다.

이 책은 서두에서 조선천주교회의 전사前史로 임진왜란 피로인들의 신앙과 순교 사실을 소개하고 있다. 조선인 기리시탄들에 관한 내용은 당시 일본에서 활약하던 선교사들에 의해 바티칸에 보고돼 있었다. 달레 신부는 이 자료들을 조선 천주교회사를 기술할 때 빠뜨리지 않았다.

금교기 잠복潛伏 기리시탄의 신앙생활

1644년 일본에 남아 있던 마지막 선교사가 순교했다. 일본 기리시탄들은 로마 가톨릭교회와 철저하게 단절됐다. 일본은 섬나라였기 때문에 상황은 더욱 나쁘게 전개됐다. 반면 대륙에 접한 조선의 신자들은 19세기 전반의 금교기에도 사제들의 지도를 받을 수 있었다. 1831년에는 조선교구가 북경교구에서 분리, 설정됐다. 1835년부터는 파리외방전교회 신부들이 입국할 수 있었다. 서양인 신부들은 김대건과 최양업 등 조선인 신부들을 육성하기도 했다. 1886년 조선과 프랑스가 수교조약을 맺으며 조선에서 천주교는 더 이상 탄압받지 않게 됐다.

1644년 이후 일본 막부의 박해와 탄압은 더욱 가혹해졌다. 누구도 일본 기리시탄들이 신앙을 유지할 수는 없을 것이라고 생각했다. 막부도 어느 순간 더 이상의 기리시탄은 남아 있지 않을 것이라고 판단했다.

많은 기리시탄들이 혹독한 고문을 동반한 박해 끝에 순교하거나 신앙을 포기했다. 그러나 일부 기리시탄들은 관원의 눈을 피해 그들의 신앙공동체를 유지하며 신앙을 이어갔다. 이들을 '잠복潛伏 기리시탄'이라고 한다.

잠복 기리시탄 공동체는 17세기 후반 대규모로 적발돼 붕괴되기도 했다. 그러나 일본에 그리스도교가 전래되던 시기 집중적으로 선교가 진행됐던 나가사키長崎현 전역과 구마모토熊本현 아마쿠사草天 지방에서는 19세기까지도 공동체가 유지됐다.

잠복 기리시탄들은 그들이 처한 상황에서 실천할 수 있는 방법들을 찾아 독특한 형태로 신앙을 유지해갔다.

16세기 나가사키항을 드나들던 포르투갈 상선 모형. 일본 26성인 기념관에 전시돼 있다.

18세기 후반에 이르러 나가사키현 소토메外海 지역의 인구가 증가하자 서쪽 바다에 있는 고토五島 열도로의 개척이주 정책이 시행됐다. 이때의 개척이주민 가운데 잠복 기리시탄들이 많이 포함됐다. 보다 안전하게 신앙공동체를 유지하기 위한 방책이었다.

그리스도교의 부활

쇄국정책을 유지하던 에도 막부는 1854년 외국에 문호를 개방했다. 도쿄만東京灣에 흑선黑船을 이끌고 와 통상을 요구하던 미국의 페리 제독에 굴복했기 때문이다. 일본사는 이 사건을 '개국開國'이라고 한다.

개항지는 에도의 관문 요코하마横浜를 비롯해 니가타新潟, 고베神戶, 하코다테函館 그리고 나가사키였다. 이들 개항지에는 외국인 거류지가 설정됐다. 외국인용 교회를 설립하는 것도 용인됐다.

　로마 가톨릭교회는 일본의 개국에 앞서 일본 선교를 준비하고 있었다. 교황청은 이미 1846년에 선교사를 류큐琉球에 파견해 일본어를 학습하게 했다. 류큐는 지금의 오키나와沖繩 지방의 옛 이름이다. 류큐에 있던 신부들은 1859년 주일프랑스 총영사 통역관 신분으로 일본에 들어왔다. 1862년에는 요코하마에 천주당을 세울 수 있었다. 1865년에는 나가사키에도 천주당이 건립됐다. 신부들은 일본 최초의 순교지인 니시자카西坂에 천주당을 세우고 싶었다. 그러나 그곳은 외국인 거류지가 아니어서 허락되지 않았다. 할 수 없이 잡은 터가 나가사키항이 내려다보이는 외국인 거류지의 언덕배기였다. 이 교회가 오우라大浦천주당이다. 홋카이도北海島의 관문인 하코다테函館에는 1859년 일본 최초의 러시아정교 교회당이 세워지기도 했다. 그러나 막부는 아직 일본인들의 교회 접근은 엄격하게 금지했다. 교회의 출입은 외국인에게만 허락됐다.

　1865년 오우라천주당 헌당식이 치러진 지 한 달 뒤에 기적 같은 일이 벌어졌다. 우라카미浦上 마을의 잠복 기리시탄들이 천주당에 나타나 그들도 신자임을 밝혔던 것이다. 우라카미는 나가사키 북부에 있는 마을로 태평양전쟁 말기 원자폭탄이 떨어졌던 곳이다. 신부들도 우라카미 마을에 기리시탄 공동체가 유지되고 있음을 확인했다. 막부의 혹독한 박해 가운데 220여 년간 신앙을 이어온 신자가 일본 땅에 있었던 것이다. 사제는 한 명도 남아 있지 않았던 일본 땅에서 말이다.

　이를 교회사는 '신도발견'이라고 부른다. 소멸된 줄 알았던 일본의 그리스도교 신자들이 살아 있다는 사실은 세계 그리스도교계에 흥분과 충격을 안기기에 충분했다.

오이타(大分)현 기리시탄 순교기념비

　그러나 막부의 기리시탄 탄압은 멈춰지지 않았다. 메이지유신明治
維新이 시작되고도 박해는 이어졌다. 메이지 정부는 1873년에 와서야
그리스도교 선교를 묵인하기에 이른다.

　일본에 신앙의 자유가 허락되자 잠복 기리시탄들은 가톨릭교회로
돌아와 신자가 됐다. 그러나 모두 돌아온 것은 아니었다. 교회로 돌아
오지 않고 그들의 신앙행태를 그대로 유지하고 있는 사람들을 '가쿠레
키리시탄'이라고 부른다. '가쿠레 기리시탄'이란 '숨은 기리시탄隠れキ
リシタン'이라는 뜻이다. 원래는 금교기에 숨어서 신앙을 유지해 오던
기리시탄을 일컫는 말이었지만 지금은 금교기의 기리시탄을 '잠복 기
리시탄'이라고 하고 여전히 그 신앙행태를 유지하고 있는 사람들을
'가쿠레 기리시탄'이라고 한다. 표기는 가타가나로만 써서 'カクレキ
リシタン'이라고 한다. '숨은 기리시탄'의 후예지만 지금은 숨어 있지
않기 때문에 '隠れ'라는 표기는 더 이상 의미가 없기 때문이다. 이러한

한국인들에게도 잘 알려진 온천마을인 오이타(大分)현 유후인(由布院). 이곳이 오토모 소린의 영
지였을 때는 이곳의 영민 모두가 기리시탄이었다. 뒤로 활화산인 유후다케(由布岳)가 보인다.

구분과 표기법은 가쿠레 기리시탄 연구의 권위자인 나가사키준신대學長崎純心大學 미야자키 겐타로宮崎 賢太郎 교수의 주장을 수용한 것이다. 나가사키 태생인 미야자키 교수도 기리시탄의 후예이다.

에도 막부시대의 막이 내려지고 1868년 1월 25일 메이지 신정부가 출범했다. 메이지 정부는 서구식 제도개혁을 진행했다. 한편으로는 덴노天皇 중심 국가 건설을 꾀했다. 이를 위해 에도시대보다도 일본 전통종교인 신토神道를 중시했다. 에도시대에는 막부의 보호를 받던 불교에 대한 탄압도 시행됐다. 사찰과 불상, 불탑 등을 파괴하는 폐불훼석廢佛毁釋과 같은 극단적인 정책도 시행됐다. 이런 가운데 그리스도교 선교가 허용될 수 없었다. 오히려 종전보다도 엄격한 탄압이 계속됐다.

신도발견 이후에 결국 우라카미 마을의 기리시탄 공동체가 관원들에게 적발됐다. 메이지 정부는 우라카미 마을의 기리시탄들을 용서하지 않았다. 적발된 기리시탄 약 3,400명 전원을 일본 각지로 유배시켰다.

금교 해제와 재선교

메이지 정부는 1873년에 그리스도교에 대한 탄압을 멈췄다. 미국과 유럽 각국으로부터 거센 비난을 받아 외교에 걸림돌이 됐기 때문이다. 미국은 당시 일본을 '신앙의 자유를 허락하지 않는 야만국'이라고 평가했다.

그렇다고 메이지 정부가 그리스도교 선교를 허용한 것은 아니었다. 금교를 알리는 방榜을 슬그머니 철거하면서 선교를 묵인한 것에 지나지 않았다. 정부는 방을 철거한 이유를 '일반이 이미 잘 알고 있기 때문'이라며 애매한 입장을 보였다. 정부는 전국에 유배보냈던 우라카미 마을 사람들이 고향으로 돌아가는 것도 묵인했다. 일본에서 신앙의 자유가 명문화된 것은 1890년 메이지헌법이 시행되면서부터이다. 메이지헌법의 정식 명칭은 대일본제국헌법이다. 태평양전쟁 패전 이후 현재의 헌법인 일본국헌법이 시행될 때까지 유지됐다.

정부의 입장이 완화되자 선교는 확산됐다. 곳곳의 잠복 기리시탄들이 가톨릭교회의 신자가 됐다. 교회도 차례로 세워졌다. 신자수가 늘어남에 따라 1891년에는 도쿄東京와 하코다테函館, 오사카大阪, 나가사키長崎 등 4곳에 교구가 설정됐다. 이때의 신자 수는 약 4만 4천 명으로 집계돼 있다. 이 가운데 나가사키 교구의 신자수는 약 2만 8천 명

에도시대 금교령을 알리는 방(榜). 일본에서는 고사쓰(高札)라고 한다. 히라도(平戶)시 이키쓰키(生月)정 박물관 시마노야카타(島の館)에 전시돼 있다.

나가사키(長崎)항

으로 전국 신자 수의 60%를 점하고 있었다. 2019년 현재 일본에는 17
개 교구가 있다. 이 가운데 도쿄와 오사카, 나가사키 교구는 대교구로
편성돼 있다. 도쿄와 오사카는 대도시인데다 교구 지역이 인근의 다른
현들을 포함하고 있다. 그러나 나카사키대교구는 범위가 나가사키현
에 국한돼 있다. 그만큼 나가사키의 교세가 세다는 것을 의미한다.

　나가사키대교구가 발행하는 가톨릭교보 2019년 5월 1일자에는
나가사키대교구 교세 통계표가 실려 있다. 이에 따르면 2018년 12월
31일 현재 나가사키대교구의 신자수는 6만 70명이다. 이 통계에 따
르면 나가사키현의 신자 수는 현 인구 133만 8,000명의 약 4.5%를
점하고 있다. 일본 전체의 가톨릭교회 신자 수 약 44만 명에 비하면
13.6%의 점유율을 보이고 있다. 일본의 그리스도교인은 가톨릭교회

와 프로테스탄트교회를 합해 전인구의 1% 미만으로 알려져 있다.

나가사키대교구에는 소교구 72곳이 소속돼 있다. 이밖에도 준소교구 1곳, 순회교회 58곳, 집회소 2곳이 있다.

잠복 기리시탄 관련 유산, 유네스코 세계문화유산으로 등록되다

학계에서는 일본에서 그리스도교 박해기에 희생된 순교자가 4만 명이 넘는 것으로 추정하고 있다. 순교 당시의 상황과 이름 등이 명확히 밝혀진 순교자만 4,045명이다. 일본 그리스도교 신자들은 이런 혹독한 고난을 거쳐 완전한 신앙의 자유를 얻었다.

유네스코는 2018년 7월 나가사키(長崎)와 아마쿠사(天草) 지방의 잠복 기리시탄 관련 유산을 세계문화유산으로 등록했다.

잠복 기리시탄들은 독특한 방식으로 신앙을 이어왔다. 혹독한 박해와 탄압이 시행되던 금교기에도 불교와 신토 등 일본의 기존 종교 세력과 공존하면서 공동체를 유지했다. 유네스코는 그 독특한 종교적 전통을 높이 평가했다.

이들 유산과 거기에 얽혀 있는 이야기들은 인류문명교류사의 한 단면이기도 하다. 유네스코가 지정한 구성자산은 오우라大浦천주당을 비롯해 모두 12곳이다. 나가사키 시내에 있는 오우라천주당을 빼고는 모두 벽지에 있다. 기리시탄들이 숨어 살았던 곳이니 당연히 그렇다.

나가사키長崎와 아마쿠사天草 지방의 잠복 기리시탄 관련 유산 인포메이션센터는 나가사키항 데지마出島워프 2층에 있다. 센터에서는 답사에 필요한 각종 정보를 제공하고 있다. 누구나 무료로 이용할 수 있다.

▲나가사키(長崎)와 아마쿠사(天草) 지방의 잠복 기리시탄 관련 유산' 인포메이션센터. 나가사키항 데지마(出島)워프 2층에 있다.
▼데지마(出島)

제2부

작은 로마,
나가사키長崎

나가사키항

나가사키長崎는 규슈九州의 북서부에 있다. 규슈 철도교통의 중추
는 가고시마혼센鹿兒島本線이다. 혼슈本州 남단 시모노세키下關와 간몬
關門해협을 사이에 두고 마주해 있는 모지항門司港역에서 가고시마鹿兒
島역까지 약 300Km를 남북으로 잇는 재래선이다. 기타큐슈(北九州)
와 후쿠오카福岡, 구마모토熊本 등 대도시를 지난다.

기타큐슈나 후쿠오카쪽에서 나가사키로 가려면 가고시마혼센을
이용하다 후쿠오카와 구마모토 사이에 있는 도스鳥栖역에서 나가사키
혼센長崎本線으로 노선을 바꿔야 한다. 가고시마혼센 도스역에서 분기
해 나가사키역까지 남서방향으로 연결된 노선이 나가사키혼센이다.
사가佐賀역과 이사하야諫早역을 지난다. 가고시마나 구마모토에서 나
가사키로 가려면 가고시마혼센으로 도스역까지 북상해 나가사키혼
센으로 갈아타면 된다.

고속철도는 후쿠오카 하카다博多역에서 가고시마주오鹿兒島中央역
까지를 연결하는 규슈신칸센九州新幹線 가고시마루트가 운행되고 있

다. 규슈신칸센에서 나가사키로 가려면 신토스新鳥栖역에서 갈아타면
된다. 나가사키루트는 2022년 잠정개업을 목표로 건설 중이다.

규슈의 동쪽 해안을 따라 후쿠오카현 고쿠라小倉역에서 오이타大分
현과 미야자키宮崎현을 지나 가고시마역까지 연결하는 약 460Km의
노선이 닛포혼센日豊本線이다. 가고시마혼센과 나가사키혼센, 닛포혼
센 등 3개의 노선이 규슈를 종단하는 재래선 철도의 기간선인 셈이다.

가고시마혼센과 닛포혼센을 가로 방향으로 연결하는 규다이혼센久大
本線과 호히혼센豊肥本線도 중요노선이다. 규다이혼센(141.5Km)은 구루
메久留米역과 오이타역을 연결한다. 온천관광지인 유후인由布院이 이
노선에 걸쳐 있다. 호히혼센(148Km)은 구마모토역과 오이타역을 잇
고 있다. 활화산인 아소산阿蘇山을 지나 '아소고겐센阿蘇高原線'이라는
애칭으로도 불린다.

이밖에 기간선과 중요노선에서 갈라지는 지선들도 세밀하게 운영
되고 있다.

일본에서는 철도가 중요한 교통수단이다. 자동차가 많이 없던 근
대기에 일본은 철도를 기간교통망으로 활용했다. 노선이 우리나라보
다 훨씬 세밀하다. 또 대부분의 도시가 철도역을 중심으로 발달해 있
다. 이 또한 자동차가 많지 않았던 때 역을 중심으로 생활권이 형성됐
기 때문이다.

반면 우리나라는 일본에 비해 철도보다는 고속도로가 발달했다.
그래서 교통수단으로 열차보다는 자동차가 큰 비중을 차지한다. 근대
기 한반도를 강점했던 일제는 그들이 필요한 철도만 가설했다. 경부
선, 경의선, 경원선 등은 대륙침략을 위한 노선이었다. 1940년 개설
된 철암선은 강원도 철암에서 묵호항까지를 연결한다. 태백 탄좌에서

캐낸 양질의 무연탄을 묵호항까지 운반해 일본으로 가져가기 위해 가설한 철도였다. 철암에서 영주까지 구간은 해방 이후 가설돼 지금의 영동선이 완성됐다.

우리나라에서 본격적인 국토개발이 시작된 1960년대에는 이미 자동차가 발달돼 있었다. 그래서 우리 정부는 철도보다는 고속도로 건설에 더 큰 힘을 기울였던 것이다.

일본의 철도는 각종 특급열차와 관광열차가 잘 편성돼 있을 뿐만 아니라 운행시각이 정확하다. 자유롭게 일본여행을 하려면 기본적으로 철도를 잘 이용할 줄 알아야 한다. 그러려면 우선 철도 노선을 숙지해야 한다. 외국인으로서는 관광안내도 등 지도를 많이 보면서 익히는 수밖에 없다. 요새는 목적지까지 정확하게 갈 수 있도록 시각표와 환승역, 요금, 소요시간 등을 안내하는 애플리케이션도 출시돼 있으니 이용하면 편리하다. 나는 포털사이트 '야후재팬'에서 무상으로 제공하는 '갈아타기 안내Yahoo!乗換案內' 애플리케이션 덕을 톡톡히 보고 있다.

나는 나가사키에 처음 갔을 때 마치 우리나라의 부산 같다는 느낌을 받았다. 같은 항구도시인데다 산비탈에 주택지가 형성돼 있어서 그랬던 것 같다. 나가사키시의 인구는 약 42만 명 정도이다. 시 인구의 약 80%가 시가지에 몰려 살고 있는데 나가사키항 주변은 삼면이 모두 산으로 둘러싸여 있다. 주택지는 산비탈을 이용해 조성될 수밖에 없는 지형이다. 따라서 비탈길과 급격한 계단길이 많은 것도 부산과 닮았다. 그래서 야경이 특별히 아름답다.

급격한 산비탈 때문에 나가사키만은 수심이 깊다. 좋은 항구도시 손색이 없는 조건을 지녔다. 대형 조선소도 나가사키만에 자리를 잡았다.

　나가사키는 우리나라 제주도보다 위도상 남쪽에 있다. 겨울에 그다지 춥지 않고 여름에도 규슈의 다른 곳보다 덥지 않다.

나가사키(長崎) 니시자카(西坂) 언덕 뒤편의 주택가. 가파른 비탈에 집들이 들어서 있다.

오우라(大浦)천주당 뒤편 언덕에서 바라본 나가사키(長崎) 야경

　　나가사키 시가지를 유유히 누비는 노면전차도 인상적이다. 노면전차는 나가사키 시민들에게 최우선 교통수단이다. 다섯 개의 노면전차 노선이 시가지 전역을 빈틈없이 연결하고 있으며 요금과 시간 면에서도 유리하기 때문이다. 노선표에는 네 개 노선만 표시돼 있다. 그러나 심야에만 운행하고 특별한 이벤트가 있을 때 부정기적으로 운행하는 노선이 하나 더 있다.

　　시내버스는 노면전차가 연결되지 않은 지역으로 갈 때 보조적으로 이용하는 수단이다. 나가사키 시내 유명 관광지는 대부분 노면전차 노선이 지나간다. 그래서 관광객들에게도 인기가 높다.

　　나가사키 노면전차는 1915년부터 운행을 시작했다. 노선을 연장하고 신설하는 등 조정을 거쳐 100년 이상 나가사키 시민들과 애환을 같이 해왔다. 태평양전쟁 때는 조선소 등 군수공장 종업원 출퇴근 수송이 최우선이었다. 이들의 출퇴근 시간에는 정류장 수를 줄여 특급으로 편성해 운행했다. 전쟁 말기에는 나가사키에 떨어진 원자폭탄으로 노면전차 선로는 궤멸 수준으로 파괴됐다. 차량 16량이 소실되고 직원 120명이 사망했다. 노면전차는 1945년 11월 부분적으로 운전이 재개됐다. 1947년 5월에야 완전히 복구될 수 있었다.

　도로 가운데를 다니기 때문에 교통신호를 자동차들과 똑같이 지켜야 한다. 승차감과 속도, 운영시스템 면에서 최첨단을 달리는 우리나라의 도시철도와 달리 덜커덩거리며 느릿하게 도심을 다니는 전차가 묘한 매력을 느끼게 해준다. 가라오케에서 나가사키와 관련된 노래가 나올 때 배경화면에는 노면전차 모습이 빠짐없이 등장한다. 나가사키를 대표하는 상징물임이 틀림없다. 운임도 일본 각지에서 운행되고 있는 노면전차 가운데 가장 싸다고 한다.

　나가사키 지역에서 답사를 하려면 노면전차 정류장 근처에 숙소를 잡으면 편리하다. 탑승 횟수와 관계없이 하루 동안 자유롭게 노면전차

나가사키(長崎) 노면전차

를 이용할 수 있는 일일승차권도 있다. 하루에 네 번 이상 탑승해야 하는 일정이라면 일일승차권이 유리하다. 일일승차권은 나가사키역 구내 종합관광안내소나 나가사키 시내 주요 숙박시설에서 판매한다.

환승은 유명한 차이나타운인 신치주카가이新地中華街 정류장에서 만 할 수 있다. 내릴 때 운전수가 나눠주는 환승권을 받아두면 추가요 금 없이 갈아탈 수 있다.

쇄국정책을 고수했던 에도시대에도 일본에서 유일하게 나가사키 항長崎港은 열려 있었다. 에도막부가 예외적으로 네덜란드 상인들에게 만 나가사키를 통한 무역을 허용했기 때문이다. 그런 사정으로 나가사 키는 일찍부터 서구문명이 일본 열도로 들어오는 현관 역할을 했다.

남만南蠻무역과 그리스도교의 전래

나가사키의 역사는 대개 1570년부터 기술된다. 이 해에 나가사키 항이 개항됐기 때문이다. 산지였던 나가사키만 주변은 경작지가 적었 기 때문에 사람이 많이 살 수 없었다. 그러나 항구도시로 거듭나면서 나가사키의 면모는 달라졌다.

조선왕조실록에도 광해군조부터 간간이 나가사키가 등장한다. 주 로 태풍 등으로 표류했던 조선사람이 구조돼 나가사키와 쓰시마(對馬 島)를 거쳐 돌아왔다는 내용이다.

1550년 무렵의 초기 포르투갈 상인들은 히라도푸戶를 무역항으로 삼았다. 선교사들도 히라도를 중심으로 선교활동을 진행했다. 선교도 순조롭게 진행됐다. 히라도 주민들이 차례로 개종했다. 히라도는 일본 그리스도교 최초의 거점으로 자리를 잡았다.

그러나 히라도 지역에서 불교 승려들을 중심으로 포르투갈 사람들을 배척하기 시작하자 포르투갈 상인들과 선교사들은 1562년 거점을 요코세우라橫瀬浦로 옮겼다. 최초의 기리시탄 다이묘였던 오무라 스미타다大村 純忠가 이 지역을 할애해 줬기 때문이다.

요코세우라가 주변의 공격을 받게 되자 오무라 스미타나는 1570년 나가사키항을 개항하고 주변 여섯 마을町과 모기마치茂木町를 예수회에 헌납했다.

궁벽한 어촌에 불과했던 나가사키는 일약 유럽의 대형 범선이 드나드는 국제무역항으로 발돋움했다. 나가사키만의 깊은 수심이 대단한 경쟁력이었다. 나가사키는 이내 그리스도교 선교의 중심지로도 자리를 잡았다. 남만南蠻으로 불리던 유럽의 무역선이 나가사키에 입항하면 전국에서 상인들이 이곳으로 몰려들었다. 나가사키는 급속히 발전했다.

교회도 세워졌다. 새로 조성된 여섯 마을에 새로 이주한 사람들은 거의 기리시탄이었다.

작은 로마, 나가사키

나가사키는 국제무역도시로 번성하면서 기리시탄 도시로 성장했다. 그러나 나가사키에도 어두운 그림자가 드리워지고 있었다.

도요토미 히데요시豊臣 秀吉는 1587년 바테렌伴天連 추방령을 내린 데 이어 이듬해 스미타다가 예수회에 헌납한 나가사키를 몰수했다. 하

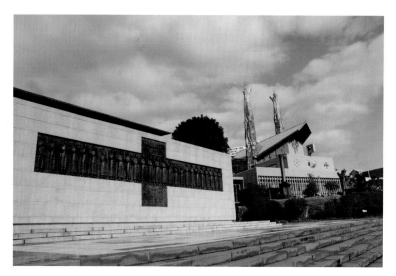

나가사키(長崎) 니시자카(西坂) 언덕에 세워진 일본 26성인 순교 기념비. 오른쪽 뒤편으로 보이는 건물은 순교기념교회인 성빌립보교회. 교회의 쌍탑이 인상적이다.

지만 히데요시는 포르투갈 상인들과의 무역은 계속 진행하기를 원했다. 그러려면 예수회 선교사들의 협력이 필요했다. 이런 이유로 예수회 선교사들은 히데요시에게 몰수된 나가사키에 체류할 수는 있었다.

도쿠가와 이에야스德川 家康가 전국적으로 그리스도교 금교령을 내린 1614년 무렵 나가사키에는 13개의 교회가 세워져 있었다. 지금의 나가사키 곳곳에서는 옛 교회 터 표지석을 볼 수 있다.

금교령은 1614년 2월에 내려졌다. 교회는 파괴됐다. 선교사들에게는 추방령이 내려졌다. 그러나 선교사들은 일본을 떠나지 않았다. 기리시탄들 속으로 숨어들었다. 일부 신부들은 수도복 차림으로 공공연히 미사를 집행하다 체포돼 순교를 당하기도 했다.

금교령에 저항하는 나가사키 기리시탄들은 대규모 시위를 벌이기도 했다. 나가사키 기리시탄들은 금교령하에서도 일치단결해 신앙을

일본 26성인 기념관 남동쪽 벽면 벽화. 기념관은 기념비 뒤편에 있다. 벽화는 26성인들이 교토 에서 나가사키로 끌려오며 거친 지역의 도자기 가마에서 나온 도편들을 모아 모자이크로 제작 됐다. 벽화 왼쪽에 보이는 나무는 쇼와(昭和) 덴노가 1949년 이곳을 방문했을 때 심은 것이다.

버리지 않은 것을 맹세했다. 이들은 그런 각오들 표출하기 위해 5월 9일부터 성체행렬을 차례로 진행했다. 당시의 상황은 나가사키에 거 주했던 이탈리아 상인이 목격해 기록으로 남겨져 있다. 수백 명의 기 리시탄들이 나가사키 중심부를 돌며 행진했고 이를 지켜본 사람은 약 5만 명에 달했다고 한다. 그들에게는 혹독한 박해가 기다리고 있었다.

26성인 순교지 니시자카西坂

나가사키역 앞 전차가 다니는 큰 길을 육교로 건너 비탈길을 조금 올라가면 언덕에 조성된 그다지 크지 않은 공원이 나온다. 니시자카西

坂공원이다. 이곳이 일본 최초로 벌어진 순교의 현장이다.

지금은 니시자카 언덕이 해안선에서 제법 떨어져 있다. 가용면적이 좁은 나가사키는 에도시대부터 바다를 매립해 공간을 확보해왔다. 개항 당시에는 니시자카 언덕 아래가 해안선이었다. 현재의 언덕 아래 큰 도로와 건너편에 있는 나가사키역 구역은 매립한 터에 조성된 시설이다.

도요토미 히데요시는 임진왜란이 진행 중이던 1596년 억지스러운 이유를 들어 교토京都의 선교사와 신자 24명을 체포했다. 히데요시는 이들의 왼쪽 귓바퀴를 잘랐다. 그리고 나가사키까지 이들을 끌고 가게 했다. 이들은 엄동설한에 맨발로 수난의 여행길에 올랐다. 도중에 교토에서부터 이들 행렬을 따르던 2명이 추가로 체포돼 합류됐다.

프란치스코회 소속 외국인 사제와 수도사 6명(스페인인 4명, 멕시코인 1명, 포르투갈인 1명), 일본인 수도사와 신자 18명 그리고 도중에 합류한 일본인 신자 2명은 1597년 1월 4일 교토를 출발해 2월 5일 니시자카 언덕에 도착했다. 오사카大阪와 히로시마廣島, 시모노세키下關, 고쿠라小倉, 하카다博多, 가라쓰唐津, 다케오武雄를 거쳤다. 약 800Km에 이르는 길이다.

운명의 날인 2월 5일 아침, 이들은 니시자카 언덕에 준비된 십자가에 매달려졌다. 나가사키항을 내려다보는 위치였다. 4,000명이 넘는 군중이 니시자카 언덕이 보이는 곳에서 두려움에 떨며 이들을 지켜봤다. 십자가에 매달린 사람들은 천국과 예수, 마리아를 부르며 큰 소리로 기도했다. 오전 10시가 되자 창을 든 관리들이 이들의 옆구리를 차례로 찔렀다. 차츰 기도 소리는 잦아들었다. 정오가 돼서 모든 순서가 끝났다. 26명 전원이 순교했다. 군중 가운데는 관리들의 제지

일본 26성인 기념관

일본 26성인 기념관 내부 모습

에도 불구하고 십자가에서 순교자들이 흘리는 피를 자신의 옷으로 받아내는 사람도 있었다고 한다.

이날의 순교 경위는 예수회 선교사들에 의해 상세하게 기록됐다. 이 기록은 로마에도 보고됐다. 1862년 6월 8일 교황 피오 9세는 이들을 모두 성인으로 봉했다. 축일은 2월 5일이다.

순교자들이 성인으로 봉해진 지 100주년이 되는 1962년 니시자카 언덕에는 26성인 기념성당과 기념관, 기념비가 세워졌다.

1981년 2월 교황 요한 바오로 2세는 일본을 방문했다. 로마 교황의 일본 방문은 이때가 처음이었다. 교황은 원자폭탄 피폭지인 히로시마廣島와 나가사키를 차례로 방문했다. 나가사키 지역 신자들은 눈보라가 휘날리는 영하의 날씨에 폭심지에서 가까운 나가사키 시영 육상경기장에서 교황을 환영했다. 교황은 혹한을 무릅쓰고 운집한 약 4만 7,000명의 신자들에게 일본어로 인사하고 축복했다. 당시 나가사키대교구 주교였던 사토와키 아사지로里脇 淺次郎 추기경은 환영사에서 "나가사키 신자들은 4세기 넘게 교황님을 기다리고 있었습니다"라고 말했다. 교황은 나가사키 신자들에게 "신앙을 지켜 순교한 선조를 본받아 사랑으로 훌륭한 성품을 갖추자"고 답하며 격려했다.

환영집회를 마친 교황은 곧바로 니시자카 언덕을 찾았다. 교황은 26성인 순교 기념비 앞에서 무릎을 꿇었다. 양손으로 머리를 감싸며 애통한 표정을 지은 교황은 이곳을 '더없는 행복의 언덕至福の丘'이라고 명명했다.

이 언덕에서는 26성인의 순교 외에도 도쿠가와 막부의 금교령 하에서 약 660명이 순교하게 됐다. 1950년 교황청은 니시자카 언덕을 공식 순례지로 지정했다.

나가사키는 히로시마와 함께 태평양전쟁 말기 투하된 원자폭탄 피폭지이다. 인명 피해도 막심했고 도시는 잿더미로 변했다. 나가사키 시민들은 전쟁이 남긴 상흔 위에서 다시 일어섰다. 그리고 첫 번째 부흥사업의 하나로 니시자카 언덕의 순교지를 공원으로 정비했다. 기리시탄의 후예인 나가사키 시민들이 잔혹했던 전쟁의 상흔을 치유하는 방책으로 선택한 사업이었다. 나가사키현은 1956년 이곳을 '일본 26성인 순교지'라는 명칭의 사적으로 지정했다.

예수께서 처형된 골고다 언덕에 오르는 기분으로 니시자카 공원에 오르면 먼저 26성인 순교기념비가 눈에 들어온다. 높이가 5.6m, 폭이 17m인 이 기념비에는 순교자들의 등신상 부조가 새겨져 있다. 대개 손을 모으고 멀리 나가사키항을 바라보는 자세이다. 그런데 두 명의 순교자는 팔을 벌리고 아래쪽을 응시하고 있다. 순례자가 기념비 앞에 서면 이 두 순교자의 눈길과 마주치게 된다. 나는 기념비 앞에서 그 눈길에 압도되고 말았다.

조각은 후나코시 야스타케(舟越 保武, 1912~2002)의 작품이다. 후나코시는 전후 일본을 대표하는 구상조각가이다. 크리스천인 그는 그리스도교 관련 걸작을 많이 남겼다.

후나코시는 26성인상을 4년에 걸친 혼신의 노력을 기울여 제작했다. 그리고 공교롭게도 후나코시는 26성인의 순교일이자 축일인 2월 5일 귀천해 많은 사람들을 놀라게 했다.

기념관은 운영목적을 세 가지로 요약해 설명한다. 첫째는 26성인을 비롯한 순교자들의 메시지를 전하는 것이다. 둘째는 복음이 일본에 전해진 16세기부터 메이지明治시대까지의 일본 그리스도교 역사를 소개하는 것이다. 그리고 셋째는 일본과 남유럽(포르투갈, 스페인,

일본 26성인 기념관에 전시돼 있는 동제미륵보살
반가사유상. 6~7세기 한반도에서 제작된 것이다.
어느 잠복 기리시탄이 예수상으로 여기고 간직해
온 것이다.

이탈리아)과의 접촉으로 발생한 기리시탄문화를 소개하는 것이다.

    기념관 전시품 가운데 한국인인 나의 눈길을 끈 것은 단연 '가쿠레 기리시탄 미륵보살상'이었다. 가쿠레 기리시탄들이 예수상으로 알고 숭배했다는 물건인데 사실은 불상이다. 불상은 손바닥 크기의 미륵보살반가사유상銅製彌勒菩薩半跏思惟像으로 6~7세기 한반도에서 제작된 것이라는 설명이 붙어 있었다.

    미륵보살반가사유상은 우리나라 국립중앙박물관에 국보 78호와

83호로 지정된 두 점이 있고 일본 교토 광륭사廣隆寺에도 한 점이 있다. 우리나라에 있는 것은 두 점이 모두 금동제金銅製이고 일본에 있는 것은 목제木製이지만 생김새가 닮아 일본에 있는 것도 한반도에서 제작된 것으로 보는 것이 일반적이다.

소형 미륵보살반가사유상이 일본에 건너와 예수상으로 여겨졌다니 애잔한 마음을 금할 수가 없었다.

고려교高麗橋와 조선인 기리시탄 마을

임진왜란 때 수많은 조선인들이 일본으로 끌려갔다. 나가사키에도 조선인 피로인들이 있었다. 나가사키에는 항구로 흘러드는 하천이 몇 개 있다. 대표적인 강이 우라카미가와浦上川와 나카시마가와中島川이다. 북남 방향으로 흐르는 우라카미가와는 평화공원이 있는 우라카미 지역에서 나가사키역 뒤쪽 항만으로 흘러든다. 나카시마가와는 북동쪽에서 남서 방향으로 흘러 데지마出島 옆 항만으로 유입된다. 이들 강변에 평지와 매립지가 있어 상업지와 공공시설이 밀집돼 있다. 지도를 잘 보면 나가사키 노면전차 노선이 이 두 강변으로 이어지고 있는 것을 알 수 있다. 이 두 강은 에도시대 시가지와 항구를 잇는 운하 역할을 하며 간선교통로 기능을 했을 것으로 짐작된다. 자연스럽게 노면전차 노선도 같은 방향으로 설정됐다.

나카시마가와 운하는 나가사키항만의 오하토大波止와 데지마 사이에서 북동쪽으로 뻗어 있다. 상류 쪽으로 갈수록 유량이 줄어 운하 기능은 소멸된다. 이 강에는 에도시대부터 수많은 돌다리가 있었다. 나

나가사키(長崎) 나카시마가와(中島川)에 있는 고려교(高麗橋). 고려교 건너편에 보이는 신사가 이세노미야(伊勢宮) 신사

카시마가와의 아치형 돌다리들을 '나카시마가와의 석교군中島川の石橋群'이라고 한다. 이 가운데 두 개의 아치가 연결된 다리를 '안경다리眼鏡橋'라고 한다. 두 개의 아치가 강물에 비친 그림자와 합해지면 안경처럼 보인다고 해서 붙여진 이름이다. 일본말로는 '메가네바시'라고 한다. 안경다리는 국가 중요문화재로 지정돼 있다. 나가사키의 명물로 관광객들의 발길이 끊이지 않는다. 요즘은 '인증샷' 필수 장소로 각광받고 있다.

안경다리에서 상류로 더 거슬러 올라가면 운하 기능은 더 이상 할수 없을 정도로 유량이 적어진다. 지류와 'Y'자 모양으로 합류하는 곳에 고려교高麗橋가 있다. 일본말로는 '고라이바시'라고 하는데 우리가이 다리까지 굳이 일본말로 불러야 할 이유는 없을 것 같다. 이 다리주변 마을이 임진왜란 때 끌려온 조선인 피로인들이 모여 살았던 고

고려교(高麗橋) 인근에 있는 석등

려정高麗町, 고라이마치이었다. 잡역 등에 종사했던 조선인들은 변두리
에 해당하는 이곳에서 마을을 이루고 살았다.

　　많은 나가사키의 조선인 피로인들이 복음을 접하고 기리시탄이
됐다. 고단한 타국살이를 하던 조선인들이 교회에 입교하면서 신의
위로와 가호를 구하게 된 것으로 짐작된다. 고려정에 살고 있던 조선
인 기리시탄들은 어려운 환경에서도 교회를 세웠다는 기록이 있다.
그들이 교려교 인근에 세운 교회가 성聖로렌소교회였다. 당시 나가사
키에서 사목했던 파시오 신부의 간찰에 의하면 나가사키에는 1594년
에 약 2,000명의 조선인 기리시탄이 있었다. 그들은 스스로 모은 자

금으로 1609년 교회를 세웠다. 확실한 위치는 파악되지 않고 있다.

조선인 기리시탄을 연구해 2008년 '일본 키리시탄 순교사와 조선인'이라는 연구서를 발표한 박양자 수녀는 고려교 근처에 있는 이세노미야伊勢宮 신사를 성로렌소교회터로 보았다. 1639년에 건립된 이 신사는 금교령 이후 파괴된 성로렌소교회터를 활용했을 가능성이 크다는 것이다. 금교령 이후 나가사키에서는 교회를 파괴하고 그 자리에 신사나 사찰을 건립한 사례가 많았다.

1867년 7월 7일 교황 비오 9세는 일본에서 순교한 205위를 복자로 시복했다. 이때 시복된 순교자들은 1617년부터 1632년까지 희생된 사람들이었다. 박양자 수녀는 도쿄대교구청에서 나온 자료와 각 수도회에서 나온 자료를 토대로 이 가운데 조선인이 10명 포함됐다고 저서에서 밝혔다. 이 가운데 안토니오 고라이高麗라는 인물이 있다. 일본에서 성姓을 고라이高麗라고 했던 이 조선인 기리시탄은 부인, 아들 2명과 함께 복자 위에 올랐다. 안토니오 고라이 일가족은 1622년 9월 10일 니시자카西阪 언덕에서 55명이 순교할 때 화형에 처해졌다. 이때 안토니오의 아들은 12세와 3세였다.

고려교 옆에는 큼직한 석등 하나가 자리를 잡고 있다. 나카시마가와가 지류와 합류하는 분기점에 서 있다. 에도시대에 위험할 수 있는 밤길을 밝혀주는 역할을 했을 것으로 보인다. 투박하지만 어딘지 정겹게 보이는 이 석등을 보면서 이 마을에 살았던 조선인의 솜씨가 아니었을까 짐작을 해보았다. 돌아오면서도 몇 번을 되돌아 봤다. 고려교는 노면전차 스와진자諏訪神社 정류장에서 가깝다.

나가사키 카스텔라와 설탕

　나가사키 명물 중에 카스텔라를 뺄 수 없다. 나가사키 시내 곳곳에서 카스텔라 가게를 볼 수 있다. 선물거리를 파는 곳에서도 가장 많이 눈에 띄는 것이 카스텔라이다. 유명 카스텔라 브랜드가 마케팅 경쟁을 벌이고 있다. 카스텔라 제조사 가운데 가장 오래된 곳이 후쿠사야福砂屋이다. 1624년에 창업했다. 쇼오켄松翁軒이 1681년, 분메도文明堂가 1900년에 각각 창업했다.

　포르투갈 상선이 나가사키항에 들어오면서 유럽의 과자들도 함께 들어왔다. 나가사키에서는 이를 남만과자南蠻菓子라고 했다. 이 가운데 대표적인 것이 카스텔라였다. 이때 들어온 카스텔라가 개량을 거

1900년 창업한 카스텔라 제조업체 분메도(文明堂) 본점

덥히면서 오늘날의 나가사키 카스텔라로 발전했다.

남만과자는 설탕雪糖이 확보됐기 때문에 만들어질 수 있었다. 설탕은 남만무역의 중요한 품목이기도 했다. 일본에서는 설탕을 사토砂糖라고 한다. 카스텔라도 사토가 들어왔기 때문에 만들 수 있었다. 오늘날 각양각색으로 만들어져 외국인들에게도 인기를 모으고 있는 화과자和菓子도 사토가 있어 발전할 수 있었다.

나가사키에서 기타큐슈의 고쿠라까지 이어지는 나가사키 가도街道는 사토를 활용한 과자가 전파되는 길이었다. 그래서 이 길을 슈가로드sugar road라고도 한다.

일본인들은 값비싼 수입품인 사토를 자급自給하기 위해 노력했다. 17세기, 사쓰마번薩摩藩이 지금은 오키나와沖繩라고 하는 류큐琉球를 복속시키자 류큐를 사탕수수 산지로 만들었다. 청일전쟁에서 이긴 일본이 타이완을 수중에 넣자 타이완에서도 사탕수수 농사를 짓게 했다. 일본은 1차세계대전 이후 사이판섬을 관리하게 되자 이 섬에서도 사탕수수를 재배했다. 사이판섬은 1944년 미군이 점령할 때까지 일본의 중요한 설탕 생산기지였다. 20세기 전반기 무렵부터 일본인들은 사토를 풍족하게 쓸 수 있게 됐다. 임진왜란 때 우리나라에 들어온 고추가 우리 식문화에 지대한 영향을 미쳤다면 일본인들의 입맛을 송두리째 바꾼 주역은 사토였다.

일제강점기에는 한반도에도 사토가 들어왔다. 달면서도 눈처럼 하얀 이 가루를 한국인들은 설탕이라고 했다. 이미 설탕 맛을 본 한국인들에게 해방 이후 설탕

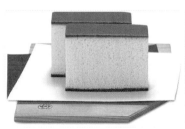

나가사키 카스텔라

의 공급이 막히자 한반도에서는 설탕대란이 일어났다. 미군부대 등에서 흘러나오는 설탕은 암시장에서 비싼 값으로 거래됐다.

일본인들은 태평양전쟁에서 패전하자 한반도에서 경영하던 맥주공장과 왜간장공장 등을 그대로 남겨두고 떠나야 했다. 이 공장들은 한국인들에게 불하돼 맥주와 왜간장은 계속 생산될 수 있었다. 그러나 한반도에 설탕을 생산하는 제당製糖공장은 없었다. 일제강점기의 설탕은 모두 일본에서 완제품 상태로 들어왔다. 눈치 빠른 자본가들은 곧 제당공장을 지었다. 설탕은 만들기만 하면 팔리는 상품이었다. 1953년 한반도에서 최초로 세워진 한 제당공장은 현재 국내 최대 종합식품 제조업체로 성장했다. 국내 최대의 중화학공업단지가 있는 울산에는 정유공장이나 조선소, 자동차공장보다도 제당공장이 먼저 들어섰다. 울산에 있는 제당공장은 1955년 준공됐다. 울산공업센터가 지정된 1962년보다 7년이나 앞선 일이었다. 하지만 1970년대까지만 해도 설탕은 공급이 충분하지 않았다. 당시만 해도 설탕은 대표적인 명절 선물 품목이었다.

요즘은 일본 곳곳에서 야키니쿠燒肉 간판을 볼 수 있다. 야키니쿠의 원조는 한국식 불고기이다. 일본 최대의 재일동포 밀집거류지인 오사카 쓰루하시鶴橋 일원을 일본 야키니쿠의 발상지라고 한다. 재일동포들이 야키니쿠 가게를 시작해 일본 전국에 퍼지게 된 것이다. 재한화교在韓華僑가 짜장면을 남겼다면 재일在日 한국·조선인은 야키니쿠를 남겼다.

그런데 한국식 불고기도 왜간장과 설탕이 있어야 완성된다. 불고기도 결국 융합문화의 산물인 것이다. 그리고 짜장도 설탕이 조금 들어가야 제 맛이 난다.

오우라大浦천주당

나가사키역은 나가사키항의 맨 안쪽에 있다. 동중국해에서 나가사키항으로 들어서는 입구에는 메가미女神대교가 있다. 2005년 개통됐다. 나가사키항을 드나드는 크루즈여객선 등 대형 선박을 고려해 다리와 수면의 거리를 충분히 확보한 것이 특징이다. 항구의 양안을 연결하는 중요한 교통로이자 나가사키의 훌륭한 랜드마크이다.

오우라大浦천주당은 나가사키역에서 메가미대교 방향에 있다. 나가사카역에서 노면전차로 오우라천주당까지 가려면 신치주카가이新地中華街 정류장에서 한 번 갈아타야 된다.

전차 정류장에서 비탈길을 거슬러 올라가면 오우라천주당이 있다. 비탈길 양쪽에는 각종 토산품 등을 파는 가게가 즐비하다. 항상 관광객들로 붐비는 이 비탈길은 교토京都 청수사清水寺로 올라가는 비탈길과 닮았다는 느낌이 살짝 든다.

이 지역은 개항기 외국인 거주지였다. 당시의 분위기가 살아 있는 글로버동산グラバー園과 오란다자카オランダ坂가 오우라천주당 인근에 있다.

오우라천주당은 일본 국보로 지정돼 있다. 나가사키항 개항 이후 첫 번째로 지어진 성당이다. 에도막부는 1858년 미국과 영국, 프랑스, 러시아, 네덜란드 등과 우호통상조약을 맺었다. 이를 개국開國이라고 한다. 막부가 쇄국정책을 포기하고 단행한 개국은 훗날 메이지 유신의 빌미가 되기도 했다. 막부의 개국에 따라 나가사키항도 개항됐다. 막부는 오우라 해안을 외국인 거류지로 지정했다.

일본이 개국하자 로마가톨릭 교회는 일본에 대한 재선교 계획을 진행했다. 16세기 일본교회의 번성과 금교기의 순교역사를 로마가톨릭교회는 생생하게 기억하고 있었다. 당시의 상황을 상세하게 보고받았기 때문이다.

　막부는 외국인거류지에 교회를 세우는 것도 허락했다. 단 교회의 출입은 외국인에게만 한정했다. 나가사키를 찾아온 신부들은 26성인 순교지인 니시자카에 교회를 세우고 싶었다. 그러나 그곳은 외국인거류지가 아니어서 교회를 세울 수 없었다. 차선책으로 선택된 곳이 오우라 언덕이었다. 이곳에서도 멀리 니시자카 언덕이 보인다. 교회는 1864년 완성됐다. 교회의 정면에는 일본인들이 알아볼 수 있도록 한자로 천주당天主堂이라는 글자를 큼직하게 써 붙였다. 이 교회는 이듬해 헌당식을 열고 '일본26성인순교자성당'이라고 명명됐다. 헌당식에는

메가미(女神)대교. 나가사키항에 정박해 있는 관광선 뒤로 메가미(女神)대교가 보인다.

나가사키에 있던 프랑스 영사를 비롯해 외국인 상인들과 정박 중인 군함의 선장들이 참석했다. 선장들은 의장대를 대동했고 군함에서는 축포도 발사했다. 그러나 당시 일본인들은 이 생경한 건물을 '프랑스 절寺'이라고 했다.

오우라천주당을 헌당한 지 한 달쯤 지난 3월 17일 놀라운 일이 일어났다. 로마가톨릭 교회에서 '신도발견'이라고 이름 붙인 일이다. 그러나 잠복 기리시탄들의 입장에서는 '신부발견'이었다.

교회를 찾아온 남녀 12~15명 가운데 40대로 보이는 부인 한 명이 신부에게 "우리도 당신들과 같은 마음입니다. 우라카미浦上 마을에는 모두가 같은 마음을 갖고 있습니다"라고 말했다. 그리고 "산타 마리아상은 어디에 있습니까?"라고 물었다. 신부가 산타 마리아상이 있는 곳으로 일행을 안내하자 이 부인은 "정말 산타 마리아님이시군요. 아드님이신 예수님을 안고 계시네요"라고 말했다.

가까운 곳에 신부가 있다는 이 소식은 바로 우라카미 마을에도 알려졌다. 이튿날 더 많은 사람들이 천주당을 찾아왔다. 일본인들에게는 아직 금교령이 해제되지 않았던 시기였다. 사람들은 관리들의 눈을 피해 밤중이나 이른 새벽에 천주당을 찾아오기도 했다. 금교령 하의 일본에서도 신자들이 존재했던 것이다. 신부들은 이 소식을 로마에 보고했다. 교황청에서도 깜짝 놀랐다.

우라카미 마을 사람들은 비밀 예배당을 네 군데 만들어 두고 신부들을 초청했다. 신부들은 비밀리에 그곳을 방문해 미사를 집전하고 세례도 베풀었다.

그러나 우라카미 마을의 기리시탄들은 곧 관원들에게 발각되고 말았다. 막부를 토벌하고 새로 집권한 메이지정부도 금교정책에는 변함이 없었다. 메이지 정부는 우라카미의 기리시탄 전원을 유배 보냈다. 3,394명이 전국 각지로 보내졌다. 이들은 혹독한 고문과 고역에 시달렸다. 600명 이상이 사망했다.

우라카미 기리시탄들의 유배는 메이지정부에 대한 국제여론을 악화시키기에 충분했다. 1873년 메이지정부는 금교령을 알리는 방榜을 모두 철거했다. 기리시탄들을 사실상 묵인했다. 기리시탄에 대한 탄압도 멈춰졌다. 1889년 제정된 대일본제국헌법은 신교의 자유를 보장했다.

오우라 천주당 옆에는 신부 후보생을 교육하는 신학교도 세워졌다. 이 신학교에서는 라틴어로 미사를 드리고 수업을 진행해 라틴신학교羅典神學校라고 불렸다. 1882년 최초의 신학생 3명이 졸업했다. 이 신학교 건물은 현재 기리시탄 박물관으로 활용되고 있다.

천주당으로 오르는 계단 옆에 있는 마당에는 신도발견기념비가 세워져 있다. 오우라천주당 아래 해변에는 나가사키 마쓰가에松が枝 국제터미널이 있다. 나가사키에 들어오는 크루즈여객선이 이곳에 정박한다.

군국주의 시대의 교회와 원폭피재

금교령이 해제되자 잠복 기리시탄들이 가톨릭교회로 복귀하기 시작했다. 오우라천주당도 증축해야 했다. 지금의 천주당은 1879년 새로 지은 건물이다. 현재는 이 천주당에서는 미사가 진행되지 않는다. 천주당 아래에 새 교회당이 있다. 미사는 그 교회당에서 드려진다.

오우라(大浦)천주당으로 올라가는 비탈길. 양편에 각종 토산품 등을 파는 가게가 즐비하다.

유배에서 돌아온 우라카미 신자들은 1879년 최초의 성당을 지었다. 1914년에는 동양 제일의 대성당이 완성됐다.

각지에 교회가 세워지기 시작했다. 신자들은 가난한 생활 가운데서도 자금을 모아 교회를 건설했다. 현재 나가사키현에는 130여 개 교회가 있다.

1927년에는 일본인 신부가 나가사키교구 주교로 임명됐다. 최초의 일본인 주교였다. 그러나 일본이 전쟁을 준비하며 군국주의 체제를 갖추게 되자 상황은 달라졌다. 일본으로서는 그리스도교가 적성敵性종교였다. 전시총동원령하에서 가톨릭교회와 프로테스탄트교회는 정부의 엄격한 사상통제를 받아야 했다. 신부들도 헌병의 감시를 받아야 했다. 프랑스령 인도차이나 등을 제압한 일본은 이 지역에 일본인 신부를 파견하기도 했다. 교황청과는 무관한 일본 정부의 명령이

오우라(大浦)천주당

오우라(大浦)천주당 앞에 있는 신도발견 기념비

었다. 신부들은 불편했다.

일본 정부는 국민사상통합을 위해 현인신現人神 덴노를 중심으로 하는 가족국가관을 국민에게 주입하는 사상통제를 엄격히 했다. 그리스도교에 대한 탄압도 재개됐다.

전쟁은 막바지에 이르고 있었다. 일본의 패색은 분명했다. 연합군은 일본의 무조건항복을 주문했다. 이른바 포츠담선언이 발표된 것이다. 일본은 제공권과 제해권을 완전히 상실한 상태에서도 이 주문을 묵살했다. 미군은 일본에 원자폭탄 두 발을 떨어뜨렸다. 히로시마에 이어 두 번째로 떨어진 원자폭탄은 1945년 8월 9일 우라카미 상공 500m에서 작렬했다. 우라카미천주당은 순식간에 무너졌다. 성당에 있던 신부 2명과 신자 수십 명이 즉사했다. 우라카미의 신자 1만 2,000명 가운데 약 8,500명이 숨졌다. 결국 일본은 연합국의 포츠담선언을 수락했다. 무조건항복을 선언한 것이다. 전쟁은 이렇게 끝났다.

일본의 패전으로 군국주의도 막을 내렸다. '살아 있는 신現人神'으로 여겨졌던 덴노는 스스로 신이 아닌 인간이라고 선언했다. 신토神道도 국교의 지위를 잃었다. 일본 국민들에게는 비로소 완전한 신교의 자유가 보장됐다.

무너진 우라카미천주당의 잔해 일부는 피폭 기념공원인 평화공원에 옮겨져 있다. 천주당 잔해는 신교의 자유를 얻기까지 치러야 했던 희생의 증언과 함께 다시는 참혹한 비극이 일어나지 않기를 바라는 소망을 웅변하고 있다. 현재의 우라카미천주당은 1959년 완공됐다.

▲◀옛 라틴신학교(羅典神學校). 지금은 자료관으로 활용되고 있다.

▲▶나가사키(長崎) 평화공원의 평화기념상. 높이 9.7m, 무게 30t

▼나가사키(長崎) 평화공원에서 본 우리카미(浦上)천주당

'나가사키에는 오늘도 비가 내렸다長崎は今日も雨だった'

　나이가 지긋한 일본인들이 가라오케에서 잘 부르는 노래 가운데 '나가사키에는 오늘도 비가 내렸다'(長崎は今日も雨だった)라는 곡이 있다. 나가사키 시내의 한 캬바레에서 활동하던 그룹사운드 '쿨 파이브'는 1969년 이 곡을 히트시키며 일약 전국구 스타로 발돋움했다. 리드보컬이었던 마에카와 기요시前川 淸는 외모가 준수해 배우로도 활약했다. 마에카와도 가톨릭교회 신자여서 교회 행사에는 출연료 없이 무대에 올랐다고 한다.

　나가사키를 배경으로 하는 가요 가운데 유명한 곡은 이 밖에도 '비 내리는 오란다자카'(雨のオランダ坂)와 '시안바시 블루스'(思案橋ブルース), '나가사키의 밤은 보랏빛'(長崎の夜はむらさき) 등이 있다. 이 곡들의 공통점은 가사에 비雨가 등장한다는 것이다. 그래서 나가사키는 강우량이 많은 도시로 알려져 있기도 하다. 그러나 나가사키의 연평균 강우량은 약 1,700mm로 규슈의 다른 도시와 별반 차이가 없다. 항구도시는 원래 사연이 많은 법이지만 나가사키는 특별하다. 항구의 이별과 만남은 물론 순교의 역사와 원자탄 피폭의 아픈 과거를 품고 있는 나가사키의 정서는 비에 젖어 표출돼야 하는가 보다.

제3부

소토메外海의 기리시탄들

소토메外海와 나가사키 선셋 로드

나가사키長崎 시에서 북서쪽으로 길쭉하게 뻗은 땅을 니시소노기西彼杵반도라고 한다. 니시소노기반도는 북동쪽으로 오무라大村만을 아우르고 남서쪽으로는 동중국해와 접해 있다. 반도를 종縱으로 반분해 오무라만 쪽을 우치메內海라 하고 동중국해 쪽을 소토메外海라고 한다. 우치메에는 평지도 많고 포구가 잘 발달해 있어 물산이 풍부한 편이다. 그러나 소토메 지역은 융기해안이어서 경작지가 적고 포구도 드물다. 해안선은 급사면 아래로 형성돼 있어 삶의 터전으로서는 척박하기 이를 데 없는 지역이다. 지형은 한반도의 강원도 동해안과 흡사하지만 바다의 경관은 제주도 서해안의 고산이나 애월 해안도로 느낌이 나는 곳이다.

동중국해를 낀 단층애斷層崖 기슭으로 나 있는 소토메의 해안도로는 빼어난 풍광을 자랑한다. 나가사키현은 동중국해와 접한 서해안길을 '나가사키 선셋로드'로 지정해 운영하고 있다. 일본 국도 202호와 499호 나가사키현 구간이 선셋로드에 해당한다. 선셋로드 곳곳에 석양 조망 명소가 있다. 특히 저녁노을이 아름다운 여름철에는 드라이브 코스로 인기가 높다. 선셋로드 북부에서는 크고 작은 섬들이 모여 있어 해양관광명소로 꼽히는 구주쿠시마九十九島도 볼 수 있다. 이 길의 절경을 영상으로 담으려는 사진가들의 발길도 사철 끊이지 않는다.

나가사키 선셋로드 드라이브는 어느 방향으로 진행해도 다 좋다. 하지만 굳이 비교하자면 북에서 남으로 진행하는 것보다 남에서 북으로 진행하는 편이 석양을 감상하기에 좋다. 답사객들은 소토메 지역 답사를 마치고 해 질 무렵에 맞춰 사세보佐世保나 히라도平戸 방면으로 이동하도록 일정을 잡으면 좋겠다.

나가사키역에서 자동차로 선셋로드를 따라 한 시간 정도 북상하면 구로사키黑崎 마을과 시쓰出津 마을, 오노大野 마을이 차례로 나온다. 북쪽의 사세보佐世保역에서는 역시 선셋로드로 70분 정도 남하하면 오노 마을에 도착할 수 있다. 철도는 지나지 않는다.

센코쿠戰國 시대부터 에도江戸 시대까지 우치메는 오무라大村 씨 일가가 직접 통치했다. 그러나 소토메 지역은 오무라 씨 휘하의 재지영주在地領主들이 다스렸다. 구로사키와 시쓰, 오노로 이어지는 소토메 중부 지역은 고노우라神浦 씨가 지배했다. 고노우라 씨가 지배하는 지역을 고노우라라는 지명으로도 불렀다.

나가사키항에 포르투갈 상선이 들어오기 시작한 1571년 소토메에도 복음이 전해졌다. 지금까지 약 450년에 이르는 파란만장한 소토메 교회사가 시작된 것이다.

고노우라 영주가 앞장서 세례를 받자 영민들도 모두 기리시탄이 됐다. 1592년에는 이 지역에 교회가 세워졌다. 신부와 수도사도 상주했다. 당시 소토메 지역 신자는 4~5,000명에 이르렀던 것으로 전해진다.

최초의 기리시탄 다이묘大名 오무라 스미타다大村 純忠

지금의 나가사키현에서 남부의 시마바라島原반도와 이사하야諫早, 북부의 히라도平戶와 사세보佐世保 지역을 제외한 지역이 센코쿠戰國시대 오무라大村의 영지였다. 에도막부 말기까지 존속했던 오무라번의 영역도 대체로 이와 같다. 다만 지금의 나가사키시 중심부 일부가 막부의 직할령인 천령天領으로 운영됐다. 센코쿠시대 오무라령은 북으로 히라도平戶, 동으로 사가佐賀와 시마바라島原 세력으로부터 압박을 끊임없이 받았다.

오무라번의 중심지였던 곳은 현재 나가사키현의 오무라시로 지명地名을 유지하고 있다. 오무라시는 인구가 9만 명 남짓한 소도시이다. 나가사키 공항이 오무라시에 있어 나가사키의 관문 역할을 하고 있다. 일본 법무성이 강제퇴거하는 외국인을 임시적으로 관리하는 시설인 오무라입국자수용소가 이곳에 있다. 한국전쟁 이후 급증했던 한국인 밀입국자들이 적발되면 수용됐던 곳이어서 우리에게도 아픈 기억으로 남아 있는 곳이다.

16세기 중엽 일본에 그리스도교가 전래되자 복음을 받아들여 신자가 된 다이묘大名들이 있었다. 이들을 '기리시탄 다이묘'라고 한다. 최초의 기리시탄 다이묘는 오무라를 다스리던 오무라 스미타다大村 純忠였다.

스미타다는 1550년 17세의 나이로 오무라가大村家의 가독家督이 됐다. 스미타다는 원래 시마바라반도의 실력자 아리마 하루즈미有馬晴純의 둘째 아들이었다. 아리마가有馬家 최고의 전성기를 이끌었던 하루즈미는 장남을 남겨두고 다른 아들들을 주변의 다이묘와 영주들의 양자로 보냈다. 스미타다도 오무라 스미사키大村 純前의 양자로 입적돼 가독을 승계했다. 스미타다에게 오무라가는 외가이기도 했다. 스미사키는 원래 스미타다의 외숙부였다.

스미타다는 스미사키의 양자가 됐지만 스미사키에게는 친아들이 있었다. 스미사키의 친아들은 다케오武雄의 고토後藤 가문으로 이적한 고토 다카아키라後藤 貴明였다. 다카아키라로서는 자신의 자리를 뺏은 스미타다에게 원초적인 원한을 품을 수밖에 없었다. 다카아키라는 호시탐탐 스미타다를 위협했다. 오무라가의 일부 가신들도 다카아키라에 동조했다. 거기다 오무라가는 당시 심각한 재정난을 겪고 있었다. 스미타다에게는 재원을 확보하고 다카아키라를 압도할 수 있는 힘을 비축하는 것이 급선무였다.

스미타다가 오무라가의 가독에 오른 1550년부터 포르투갈 배들이 히라도항平戶港에 드나들었다. 히라도의 마쓰라松浦 씨는 포르투갈과의 남만무역을 통해 막대한 이익을 남기기 시작했다. 뿐만 아니었다. 히라도는 포르투갈 상인으로부터 철포鐵砲 같은 신무기류도 도입해 군사력도 강화할 수 있었다. 히라도에서는 그리스도교의 포교도 진행되고 있었다.

그러나 히라도의 남만무역은 지속되지 못했다. 불교 세력 등의 반발로 신부들이 추방되고 1561년에는 포르투갈인이 살해되는 사건까지 일어났다.

포르투갈인들은 히라도에서의 활동이 어렵게 되자 오무라령인 니시소노기西彼杵반도 북단에 있는 요코세우라横瀬浦를 무역항으로 활용하기 위해 스미타다와 교섭을 벌이게 됐다. 스미타다는 오무라의 힘을 키울 수 있는 절호의 기회라고 판단하고 이를 승낙했다. 스미타다는 요코세우라에 교회를 세울 수 있게 했고 10년간 면세 혜택까지 줬다. 요코세우라는 이렇게 해서 1562년 국제무역항으로 개항했다. 작은 어촌에 불과했던 요코세우라에 포르투갈 배가 들어오면 일본 각지의 상인들이 몰려들게 됐다.

그리스도교의 일본포교 책임자인 톨레스 신부도 훈고豊後, 지금의 오이타 지역에서 요코세우라로 거처를 옮겼다. 신부를 따라 이주한 기리시탄들도 있었다. 1563년 4월 요코세우라의 신자는 약 300명에 달했다. 스미타다도 요코세우라에 드나들면서 신부들에게 교의를 배웠다. 마침내 스미타다는 이해 6월 세례를 받기에 이르렀다. 스미타다는 이렇게 일본 최초의 기리시탄 다이묘가 됐다. 스미타다와 함께 그의 가신 25명도 세례를 받았다.

기리시탄이 된 스미타다는 불교를 탄압하기 시작했다. 심지어 자신의 양부인 스미사키의 위패도 불살라버렸다. 이에 반발한 불승들과 반스미타다 가신들은 다케오의 고토 다카아키라와 함께 모반을 일으키게 됐다. 모반세력은 톨레스 신부를 살해하고 스미타다의 본거지를 습격하려 했지만 뜻을 이루지는 못했다. 겨우 살아남은 스미타다는 깊숙한 산사에 피신하게 됐다. 이런 혼란기에 요코세우라의 교회와 신부들도 공격을 받게 됐다. 요코세우라는 한순간에 잿더미로 변했다. 요코세우라의 번영도 개항 1년 만에 막을 내렸다.

무역항과 포교 근거지를 잃은 포르투갈인들은 1570년 스미타다와 오무라령 나가사키 개항협정을 맺었다. 나가사키항은 만안이 넓고 수심이 깊어 큰 배들이 쉽게 정박할 수 있었기 때문에 성사됐다. 나가사키를 개항한 스미타다는 1580년 나가사키를 예수회에 헌납하기까지 했다. 스미타다 스스로 외부세력의 공격으로부터 나가사키를 지킬

힘이 부족했기 때문이었다.

그러나 도요토미 히데요시豊臣 秀吉는 1587년 바테렌 추방령을 내린 데 이어 이듬해 나가사키를 몰수했다. 도쿠가와 이에야스德川 家康의 에도막부도 나가사키를 직할령인 천령天領으로 삼았다. 막부는 천령인 나가사키에 행정관청인 부교쇼奉行所를 설치하고 행정관인 부교奉行를 파견했다. 막부의 직할통치하에서 나가사키는 국제무역항의 기능을 지속하며 발전할 수 있었다.

기리시탄 다이묘 스미타다는 1587년 55세를 일기로 숨을 거뒀다. 만년의 스미타다는 모범적인 기리시탄의 모습을 보였다. 좋지 않은 관계였던 사람들과 화해하고 전쟁포로를 석방하기도 했다.

스미타다가 사망한 직후 도요토미 히데요시는 바테렌 추방령을 내렸다. 일부 신부들은 출국했지만 대부분의 신부들은 시마바라島原와 아마쿠사天草 등 기리시탄 다이묘의 영지로 잠입했다.

바테렌 추방령을 내리고도 포르투갈 상인들과의 남만무역은 계속 진행하기를 원했던 히데요시는 나가사키에 10명의 신부가 체류하는 것은 허락했다.

스미타다에 이어 오무라가를 승계한 아들 요시아키喜前도 세례를 받은 기리시탄이었다. 그러나 에도막부시대로 접어들자 태도를 바꿨다. 1605년 요시아키는 돌연 영내의 선교사들을 추방했다. 도쿠가와 막부의 금교령禁敎令, 1614년이 내려지기 10년 전의 일이었다. 요시아키는 선교사들을 추방한 데 이어 교회와 수도원들을 파괴하기까지 했다. 요시아키의 뒤를 이은 다이묘들도 기리시탄 박해 정책을 멈추지 않았다.

소토메外海 잠복 기리시탄의 버팀목, 바스창 전도사

막부의 금교령 이후에도 신앙을 유지한 사람들을 잠복潛伏 기리시탄이라고 한다. 그런데 오무라번에서는 막부의 금교령보다도 10년이나 앞서 다이묘大名의 금교령이 내려졌으니 잠복 기리시탄의 역사도 그만큼 일찍 시작됐다.

1605년 오무라번의 금교령에도 불구하고 번내에서는 선교사들의 순회사목이 암암리에 진행됐다. 1614년 막부의 금교령 이후에도 마찬가지였다.

그러나 은밀하게 진행되던 선교사들의 활동이 지속될 수는 없었다. 1629년부터 소토메 지역에서도 선교사들이 차례로 체포됐다. 나가사키 부교쇼奉行所는 체포된 선교사들을 운젠雲仙온천으로 끌고 가 열탕熱湯고문을 가하며 기교棄敎를 강요했다. 관리들은 체포된 신부들을 즉각 처형하지 않았다. 처형된 신부들은 영웅적 순교자로 기리시탄들에게 숭앙됐기 때문이다. 관리들은 이런 순교자들이 발생할수록 기리시탄들의 신앙심이 굳건하게 되는 것을 알고 있었다. 관리들은 신부들의 기교를 유도하는 것이 다른 기리시탄들의 기교를 유발하는 데 효과적이라고 생각했다. 온천의 열탕을 피부에 끼얹거나 열탕에 몸을 빠뜨리는 고문은 견뎌내기 어려웠다. 혹독한 고문과 교활한 회유에도 기교하지 않고 신앙을 지켜낸 신부들에게는 화형이 기다리고 있었다. 소토메에서 체포된 신부들 가운데는 나가사키의 니시자카西坂에서 화형에 처해진 사람도 있다. 신자들의 순교도 이어졌다.

이런 엄중한 상황에서도 신부들의 활동은 끊이지 않았다. 필리핀에 있던 일본인 신부 토마스는 1632년 일본에 잠입했다. 토마스 신부는 나가사키에서 소토메에 이르는 지역을 은밀하게 다니며 포교활동을 벌였다. 그러나 토마스 신부도 1636년 나가사키에서 검거돼 이듬해 순교했다.

막부의 기리시탄 탄압이 계속되자 오무라번에서도 기리시탄들의 기교가 속출했다. 그러나 번의 중심부로부터 거리가 먼 소토메 지역에서는 잠복 기리시탄들이 관원들의 눈을 피해 신앙을 이어가고 있었다.

구로사키黒崎와 시쓰出津 지역의 재지호족在地豪族이었던 야마구치 요사에몬山口 輿左衛門은 임진왜란 때 사가佐賀의 실력자 나베시마 나오시게鍋島 直茂의 부하로 참전했다. 야마구치는 이때의 인연으로 귀국후에도 나베시마를 섬겼다. 따라서 구로사키와 시쓰 지역은 오무라번의 간섭을 피할 수 있었다. 사가번과는 거리가 멀어 기리시탄을 색출하기 위해 시행되던 에부미繪踏도 그다지 엄격하지 않았다.

잠복 기리시탄들은 지역별로 자체조직을 구성해 신앙을 이어갔다. 시쓰 지역 잠복 기리시탄 조직의 지도자는 조카타帳方와 미즈카타水方, 기키야쿠聞役 등 3단계로 구성됐다. 조카타는 전승된 교회력에 따라 매년 축일을 정하는 역할을 했다. 조직의 최고권위자로 인정받았다. 마을별로 한 명씩 있는 미즈카타는 세례를 주는 역할을 했다. 기키야쿠는 미즈카타의 조수역을 수행하며 조직의 연락책 역할을 했다. 잠복 기리시탄 조직의 직역자의 명칭은 지역에 따라 차이가 있지만 역할은 대체로 비슷했다.

막부는 금교령을 내린 데 이어 사청제도寺請制度를 시행했다. 주민 전원을 사찰에 등록하게 한 제도이다. 장례식도 승려를 초청해 불교식으로 거행하는 것을 의무화했다. 사찰에도 기리시탄에 대한 감시 의무가 부과됐다. 그러나 세월이 지나면서 사찰의 승려들은 기리시탄들의 신앙생활을 보고도 못 본 체하고 알고도 모르는 척했다. 기리시탄들과 승려들은 같은 생활권의 이웃이었기 때문이다. 또 주민 대부분이 기리시탄인 지역에서 기리시탄 조직이 관리들에게 발각되면 마을이 붕괴돼 사찰운영이 어렵게 되기도 했다.

기리시탄 가정에서 장례식이 치러질 때는 승려의 독경과 별도로 기리시탄이 다른 방에서 독경 소리를 지우는 오라쇼oratio를 암송하기도 했다. 표면적으로는 불교도였지만 내면적으로는 기리시탄이었던 것이다.

약 250년 동안 지속됐던 소토메 잠복 기리시탄의 버팀목은 일본인 전도사 바스창이었다. 바스창의 출신배경은 불확실하다. 바스창은 주앙 신부와 만나 전도사가 된 인물이다. 기리시탄에 대한 탄압이 극심하던 시기에 바스창은 나가사키와 소토메 지역을 오가며 포교하던 주앙 신부를 보좌했다. 바스창이 소토메 지역에서 활동한 내용은 대부분 전설로 남아 있다.

어느 날 주앙 신부가 돌연 고국으로 돌아간다며 사라지자 바스창은 홀로 남게 됐다. 바스창은 그때까지 교회력에 따른 축일을 정하는 방법을 알지 못했다. 바스창은 21일간의 금식기도 끝에 주앙 신부를 다시 만날 수 있었다. 모습을 나타낸 주앙 신부는 교회력 산정법을 바스창에게 가르쳐 주고 다시 바다 위를 걸어 홀연히 모습을 감췄다. 이때부터 바스창은 소토메의 깊은 산 속에 움막을 짓고 홀로 기거하면서 신자들을 돌봤다. 여기까지가 바스창에 관한 전설이다.

바스창은 신비한 예언도 남겼다. 예언은 ① 모두는 7대까지 내 자녀가 된다. ② 그 이후는 신부가 흑선(黑船)을 타고 와 매일이라도 고해성사를 할 수 있게 된다. ③ 어디서든지 기리시탄의 노래를 부르며 걸을 수 있게 된다. ④ 길에서 이교도를 만났을 때 상대방이 길을 양보하게 된다 등이다. 이 예언은 결과적으로 상당 부분 실현됐다. 약 7대를 거친 이후인 19세기 중반 일본이 개국할 때 미국의 페리 제독이 타고 온 배를 흑선黑船이라고 한다. 일본의 개국은 결국 신교자유로 이어졌다.

산속에서 은거하던 바스창은 밥을 지을 때 발생한 연기 때문에 결국 관원에게 발견돼 체포됐다. 바스창은 3년여 동안 모진 고문을 받은 끝에 순교했다. 사망년도도 불명확하다.

시쓰 마을 북쪽 깊은 산속에는 바스창의 은거지로 전해지는 곳이 있다. 소토메 지역에 지금도 존재하는 가쿠레 기리시탄들이 1983년 이곳에 바스창의 움막을 복원했다. 마을에서 상당히 떨어진 곳이다. 안내판이 없다면 쉽게 찾을 수 없는 곳이다. 지금은 순례지가 돼 화살표 표기 안내판이 많이 설치돼 있다. 그러나 안내하는 현지인들도 몇 번이나 길을 잘못 들어 되돌아오기를 반복하면서 겨우 찾을 수 있을 정도다. 지금도 가쿠레 기리시탄들이 때때로 이곳에 찾아와 그들의 기도문인 오라쇼를 암송하기도 하고 주변 청소를 하기도 한다.

움막은 실개천 옆에 자리 잡고 있다. 바스창은 이 실개천의 물을 식수와 생활수로 활용하며 생존할 수 있었을 것으로 짐작된다. 바스창의 은거지 주변에는 버려진 다락밭들도 꽤 보였다. 예전에는 농사를 지었겠지만 농촌 인구가 줄어든 지금은 이런 곳까지 와서 농사를 지을 손은 없는 것 같았다.

구로사키黑崎에는 특별한 신사神社가 있다. 신사는 일반적으로 일본의 전통 종교인 신토神道의 신앙공간이다. 그러나 여기에 있는 가레마쓰枯松신사는 기리시탄 신사이다. 그래서 일반적인 신사의 상징인

바스창 전도사 은거지

도리이鳥居가 없다.

바스창 전도사의 스승인 주앙 신부는 바스창에게 교회력 산정법을 가르쳐 주고 바다 위를 걸어 사라진 것으로 전해지고 있다. 그러나 한편으로 이곳이 주앙 신부의 묘가 있던 곳이라는 전설도 있다. 주위에는 초기 기리시탄들의 묘지가 있다. 묘지 옆에는 흰색의 공깃돌 같은 작은 돌멩이가 한 움큼씩 놓여 있다. 잠복 기리시탄들이 묘를 참배할 때 이 돌들을 십자가 모양으로 늘어놓았던 풍습이 지금도 남아 있다고 한다.

또 잠복 기리시탄들이 은밀하게 모여 오라쇼를 익히던 곳도 있다. 이들은 널따란 바위 아래에 모여 기도문을 배우고 익혔다. 처마처럼 돌출된 바위 아래에는 예닐곱 명은 족히 들어가 비나 이슬을 피할 수 있는 공간이 있다.

가레마쓰신사는 구로사키교회 아래에서 동쪽으로 난 좁다란 오르

가레마쓰(枯松)신사

막길을 따라 올라가면 나온다. 교회는 구로사키어항 북쪽 언덕에 있다. 지금은 신사 인근에 종합공원이 조성돼 있어 자동차도 올라갈 수 있다. 주차장도 있다. 예전에 걸어서 오르내리던 가파른 계단길은 흔적만 남아 있다.

가레마쓰신사는 금교가 해제된 이후인 1893년 가쿠레 기리시탄들에 의해 건립됐다. 당연히 가쿠레 기리시탄들의 신앙공간이다.

소토메 지역의 잠복 기리시탄들은 금교가 해제된 이후 가톨릭교회로 복귀하기도 했지만 일부는 조상들로부터 물려받은 신앙형태를 그대로 유지했다. 더러는 불교도가 되기도 했다.

가레마쓰신사가 특별한 것은 이곳에서 매년 11월 초순 가톨릭교회 신자들과 가쿠레 기리시탄, 불교도가 함께 신사제神社祭를 거행한다는 것이다. 이 신사제는 2000년 구로사키교회 주임사제의 제안으로 열리게 됐다. 신사제에는 가톨릭교회의 사제와 사찰의 승려, 가쿠

가레마쓰(枯松)신사 내부의 제단

레 기리시탄 지도자들이 함께 참가한다.

소토메 잠복 기리시탄의 고토五島 이주

경작지가 부족한 소토메 지역은 18세기 후반 심각한 인구문제에 봉착했다. 자연스럽게 증가하는 인구를 수용하기에는 소토메의 자연환경이 너무도 척박했다. 천혜의 풍광을 자랑하지만 점차 늘어나는 인구를 수용할 만한 논과 밭이 절대적으로 부족했다. 급격한 산비탈에 다락밭을 일궈 경작지를 늘려도 늘어나는 인구를 감당할 수는 없었다. 오무라번은 급기야 장남 이외의 아들은 태어나는 즉시 죽이도록 명령했다. 이를 '마비키'間引라고 했다. 마비키는 밭에 촘촘히 올라오는 새싹을 군데군데 뽑아내는 일을 뜻하는 '솎아내기'라는 말이다.

구로사키(黑崎)에 있는 초기 기리시탄 묘지

고육지책이라고는 하나 인간으로서 할 수 있는 일이 아니었다. 더구나 갓 태어난 자식을 죽여야 하는 잠복 기리시탄들은 양심의 가책을 느끼지 않을 수 없었다.

소토메에서 서쪽으로 약 100km 떨어진 곳에 고토열도五島列島가 있다. 고토는 날씨가 좋으면 소토메에서 육안으로도 보인다. '고토'라는 지명은 다섯 개의 섬으로 이루어졌다고 붙여진 것이다. 실제로는 작은 섬까지 약 140개 섬으로 이루어져 있다. 고토는 제주도 최동단인 성산포에서도 남동쪽으로 약 180km밖에 안 떨어져 있다.

소토메가 인구증가로 인한 경작지난을 겪을 때 고토열도에서는 인구감소로 인한 노동력 부족 현상을 겪었다. 계속되는 기근으로 굶어 죽은 사람들이 속출했기 때문이다.

상황이 이렇게 되자 고토의 번주는 오무라 번주에게 백성들을 이

주시켜 달라고 요청했다. 오무라번으로서는 소토메 지역의 인구증가 문제를 해결할 수 있는 좋은 방안이었다.

소토메 지역 백성들은 이렇게 해서 18세기 후반 고토열도로 이주하게 됐다. 이주민들은 대개가 기리시탄이었다. 소토메의 기리시탄들은 막부의 손길이 덜 미치는 외딴섬이 기리시탄 공동체를 유지하기에 더 좋을 것이라고 생각했기 때문이었다.

소토메 기리시탄의 부활

에도 막부 말기, 막부가 개국을 단행하자 일본에 다시 교회가 세워졌다. 물론 교회에는 외국인의 출입만 허용됐다. 막부의 금교령이 아직 서슬이 시퍼렇게 살아 있을 때였다. 그런 가운데서도 나가사키에 세워진 오우라大浦천주당에서는 1865년 봄 우라카미 잠복 기리시탄들이 쁘띠장 신부에게 신앙고백을 하는 사건이 일어났다. 세계 교회를 깜짝 놀라게 했던 '신도발견' 사건이었다.

이 소식은 나가사키 주변의 잠복 기리시탄 사회에도 빠른 속도로 전파됐다. 소토메外海에서도 구로사키黑崎 잠복 기리시탄들이 그해 5월 상순 오우라천주당을 방문했다. 이들은 관원들의 눈을 피하기 위해 가까운 길을 버리고 먼 길을 돌아 천주당을 찾아갔다. 그리고 쁘띠장 신부에게 구로사키에는 약 1,500명의 신자가 있다고 보고했다.

쁘띠장 신부도 극비리에 소토메를 찾아갔다. 쁘띠장 신부는 신도발견 반 년 후인 1865년 9월 어부들의 배를 타고 시쓰 마을 기리시탄들을 방문했다. 바스창의 예언대로 눈앞에 나타난 신부를 본 시쓰의 기리시탄들은 감격했다. 기리시탄들은 차례로 벽안의 신부를 만났다. 이곳에는 약 300호, 2,000명 정도의 기리시탄이 있었다.

쁘띠장 신부가 다녀간 이후 시쓰의 잠복 기리시탄 지도자 22명은 나가사키로 가 교리 교육을 받았다. 이들은 마을로 돌아와 전도사 역할을 수행했다.

소토메 지역의 기리시탄 부활 움직임이 활발해지자 관원들의 탄압이 다시 거세졌다. 아직은 금교령이 유효했기 때문이다. 적발된 기리시탄들은 채찍을 맞기도 했고 탄광에 보내지기도 했다.

마침내 메이지明治 정부는 1873년 전국적으로 금교령을 알리는 방榜을 철거하고 그리스도교를 묵인하기 시작했다. 정부의 방침은 이러했지만 민간에서 그리스도교를 사교邪敎로 여기는 풍조는 여전히 만연했다. 과격한 사람들이 세례를 받은 것으로 알려진 사람에게 기교를 강요하며 집단폭행을 가하는 일도 속출했다.

이러한 상황에서도 1876년 시쓰 마을에 임시교회당이 개설됐다. 신부들의 순회사목도 이루어졌다.

'소토메의 태양, 도 로 사마樣

그리스도교 금교령이 사실상 철폐되자 신부들의 활동도 활기를 띠었다. 나가사키에서는 중심부와 우라카미浦上, 나가사키항 밖의 섬 지역, 소토메外海, 히라도平戸, 가미고토上五島, 시모고토下五島 등 7개 지역에 담당신부가 상주하게 됐다. 소토메에는 1879년 프랑스인 마르코 마리 도 로(Marc Marie de Rotz, 1840~1914) 신부가 부임했다.

도 로 신부는 프랑스 귀족 출신이면서도 다재다능한 사제였다. 그는 마치 1970년대 우리나라에서 새마을운동이 폭넓게 전개될 때 맹활약했던 탁월한 새마을지도자와도 같은 인물이었다. 그가 소토메에서 펼쳤던 활약도 바로 새마을운동 같은 것이었다. 농장경영주의 아들이었던 그는 인쇄와 의학, 건축 등의 기술까지 익히고 있었다. 무엇보다도 자비심이 깊은 성품의 소유자였다. 그는 아직 금교령이 유효했던 1868년 일본에 왔다. 그때 그의 나이는 28세였다. 그가 일본에 올 때는 거액의 상속재산도 들여왔다.

소토메에 부임한 도 로 신부의 눈에는 거친 바다와 급사면에 간신히 일군 다락밭을 의지해 살아가는 사람들의 궁핍한 삶이 먼저 들어왔다. 신부는 선교와는 별도로 교육과 노동을 통한 자립경제를 이루고 의료 등 생활환경을 개선하는 일에 팔을 걷어부치고 나섰다. 그러면서 우선 임시교회당을 근거로 수도원과 전도부인양성소 등을 설치했다. 이어 1892년 시쓰出津교회, 이듬해 오노大野교회를 차례로 건립했다. 1897년에는 구로사키黒崎교회터를 닦았다. 건축공사의 설계와 시공감독은 모두 건축가이기도 했던 도 로 신부가 맡았다.

신부는 가난한 사람들에게 일자리를 만들어 주는 사업도 벌였다. 신부는 1883년 시쓰구조원出津救助院을 설립했다. 이곳에서는 가난한 여성들이 모여 빵, 마카로니, 소면, 직물 등을 만들었다. 신부는 생산물들을 나가사키에 내다 팔았다. 일본에서 마카로니는 이곳에서 처음 생산됐다. 지금도 남아 있는 시쓰구조원 건물은 중요문화재로 지정돼 있다.

신부는 또 황무지를 개간해 보리와 차를 재배했다. 수확한 보리를 도정하기 위한 물레방앗간도 만들었다. 차는 한때 홍차로 가공돼 나

시쓰(出津)교회

가사키항을 통해 홍콩이나 상하이 등으로 수출되기도 했다.

뿐만 아니었다. 신부는 토목공사에도 수완을 발휘했다. 신부는 마을의 허술한 석축을 개량했다. 여름철 집중호우에도 끄떡없는 새 석축을 사람들은 '도 로 벽壁'이라고 불렀다. '도 로 벽'은 이웃 마을에도 번져 소토메의 독특한 경관이 되기도 했다. 지금도 마을 곳곳에 '도 로 벽'이 남아 있다. '도 로 벽'은 이 지역에서 채취한 현무암을 이용해 쌓은 것이 특징이다.

소토메는 동중국해의 거센 파도가 거침없이 밀려드는 곳이다. 신부는 이곳의 가난한 어부들을 위해 항구를 개량하고 방파제도 축조했다. 공사를 위한 망치, 도르래 등 공구도 프랑스식으로 만들어 보급했다.

의료사업도 벌였다. 신부는 진료소를 열어 프랑스 의료기술을 펼쳤다. 이질 같은 전염병을 치료하고 일본인 의사를 육성하기도 했다. 당시 이질은 감염환자의 치사율이 높은 무서운 병이었다.

궁벽한 벽지였던 소토메 지역이 도 로 신부 부임 이후 달라졌다.

마르코 마리 도 로(Marc Marie de Rotz, 1840~1914) 신부 묘.

프랑스문화의 씨앗이 떨어져 발아하기 시작했고 절망적이었던 주민들의 삶에도 조금씩 여유가 생겨났다.

지칠 줄 모르는 정열로 소토메 지역을 보살폈던 도 로 신부는 1911년 70세에 이르러 우라카미浦上 사제관으로 거처를 옮겨 정양에 들어갔다. 신부는 결국 1914년 74세를 일기로 선종했다.

신부의 시신은 유언에 따라 신부가 평소에 타고 다녔던 작은 배에 실려 소토메로 옮겨졌다. 소토메 사람들은 손에 조기弔旗를 들고 구로사키항으로 마중을 나왔다. 아버지 같았던 사제를 잃은 소토메 사람들은 깊은 슬픔에 잠겼다. 영결식은 시쓰교회에서 거행됐다. 영결식에는 소학교 5년생 이상 학동들과 주민 대다수가 참가했다. 교회를 나선 운구행렬은 끝이 보이지 않았다. 관이 공동묘지에 도착했을 때도 행렬의 후미는 교회를 벗어나지 못했다고 한다. 이 공동묘지도 도 로 신부가 생전에 조성한 것이다. 소토메에서 생애 대부분을 헌신했던 신부의 묘역은 시쓰 마을 북편 공동묘지에 조성돼 있다. 신부는 그가

사랑했던 소토메 신자들과 함께 잠들어 있다. 비탈에 조성된 묘지에 늘어선 신자들의 묘비석에는 십자가가 자랑처럼 세워져 있다.

시쓰 마을에는 아직도 도 로 신부의 발자취가 남아 있다. 도 로 신부 기념관도 조성돼 있다. 이 기념관 건물은 원래 신부가 설계하고 시공까지 했던 정어리그물 공장이었다. 시쓰구조원터에는 도 로 신부가 프랑스에서 들여온 오르간이 복원 수리를 거쳐 전시돼 있다. 시쓰 마을에서는 도 로 신부가 가르쳐준 방법대로 만드는 소면이 '도 로 사마소면'이라는 이름으로 지금도 생산되고 있다. 한국 배우 배용준을 일본 주부 팬들이 '욘사마'라고 불렀듯이 '사마'樣는 최상의 존경을 더하는 접미사이다. 땅콩기름을 사용해 제조하는 것이 특징이다. 태평양전쟁 때 중단됐던 소면 생산은 1981년 재개됐다. 마을 곳곳에서 판매하고 있다. '소토메의 태양' 같은 삶을 살았던 도 로 신부를 소토메 사람들은 지금도 '도 로 사마'라 부르며 존중하고 있다.

시쓰교회 건립 75주년이 되는 1957년 이곳 사람들은 도 로 신부의 흉상을 제작해 세웠다. 흉상은 지금도 시쓰교회 마당 한 켠을 지키고 있다. 도 로 신부의 50주기가 되는 1965년에는 이 마을 출신 성직자와 신자들이 교회에서 신부의 묘가 있는 공동묘지까지 추도행진을 벌였다.

신부가 소토메에 부임한 지 100년이 되는 해의 이듬해인 1978년에는 소토메 지역 대표들이 신부의 고향인 프랑스 노르망디 지역 보스롤 마을을 찾아가 자매결연을 맺었다. 그 이듬해에는 보스롤 마을 사절단이 소토메를 찾아왔다. 이 마을 출신으로 나가사키 대교구 주교였던 사토와키 아사지로里脇 淺次郎 추기경은 시쓰교회에서 이들을 환영하는 미사를 집전했다. 이때 나가사키시는 소토메 지역에 있는

시쓰(出津)교회에 있는 마르코 마리 도 로 신부 흉상.

세 개의 다리를 파랑과 흰색, 빨강으로 각각 칠해 프랑스 국기인 삼색기의 상징을 구현했다. 삼색기는 프랑스혁명 정신을 표현하는 상징으로 자유와 평등, 박애를 뜻한다.

'사람이 이다지 슬픈데도 주여, 바다는 너무나 푸릅니다'

동중국해와 접한 급사면이 대부분인 소토메 지역에서 그래도 마을이 형성된 곳은 간간이 보이는 강 주변이다. 강이라고는 하나 마을 하나를 적시는 개울에 지나지 않는 작은 규모이다. 시쓰에는 시즈가와出津川가 흐르고 구로사키에는 구로사키가와黑崎川가 흐른다. 시쓰 마을이 좀 큰 편이고 그 다음이 구로사키 마을이다. 오노 마을은 작은 편이다.

구로사키 서쪽에 시쓰 마을이 한눈에 들어오는 언덕이 있다. 특별

히 석양경관이 빼어나 선셋로드의 핫 플레이스로 꼽히는 이곳에 '유히가오카소토메夕陽が丘そとめ'라는 미치노에키道の驛가 있다. 고속도로 휴게소에 해당하는 곳을 일본에서는 SAService Area라고 한다. 일본식 발음으로는 '사비스 에리아'라고 부른다. 대체로 우리나라 고속도로 휴게소와 비슷하지만 지역 특산물 판매코너가 잘 갖춰진 것이 특징이다. 고속도로가 아닌 일반도로에도 휴게소 비슷한 곳이 있다. 미치노에키라고 부르는 이곳은 직역하면 '길가의 정거장'정도 된다. 식사와 간단한 쇼핑을 할 수 있는 곳이다. 미치노에키야말로 지역 특산물을 주로 판매한다. 유히가오카소토메에서는 '도 로 사마 소면'을 비롯해 '나가사키 스파게티', 마키요칸卷羊羹, 빵 등을 판매하고 있다. 모두 소토메의 특산품이다. 소토메의 다랭이논에서 재배한 쌀 같은 지역산 농수산물도 살 수 있다.

시쓰 마을은 엔도 슈사쿠(遠藤 周作, 1923~1996)의 소설 〈침묵沈默〉의 무대가 되는 곳이다. 1966년 발표된 '침묵'은 엔도를 문호文豪의 반열에 오르게 한 작품이다. 에도시대 초기 금교령하에서의 신부와 기리시탄들의 얘기를 다루고 있다. 우리말 번역본도 출간돼 국내에도 꽤 읽혔다. '침묵'에 관한 얘기는 뒤에 따로 다룰 것이다.

엔도는 집필에 앞서 취재를 위해 이곳을 찾았다. 엔도는 이곳에서 "신이 나를 위해 예비해 둔 곳"이라며 절찬했다고 한다. '침묵'에 나오는 도모기 마을의 모델이 바로 시쓰 마을이다. 엔도 사후에 이곳에 엔도슈사쿠문학관이 건립됐다. 문학관은 유히가오카소토메夕陽が丘そとめ 옆에 자리를 잡았다. 2000년 개관한 이 문학관에는 엔도의 유품 등이 전시돼 있다. 문학관의 담장은 야트막한 돌담으로 조성돼 있다. '도 로 벽' 스타일이다. 동중국해와 소토메 해안의 절경을 감상하기에도 부족함이 없는 곳이다.

시쓰 마을 초입에는 소토메역사민속자료관이 있다. 그리고 그 옆에 '침묵의 비沈默の碑'가 있다. 문학비는 엔도의 생전인 1987년 조성됐다. 나가사키에 있는 엔도의 우인들이 노력을 기울였다. 비문은 두 개의 바위에 새겨져 있다. 하나의 바위에는 '沈默の碑', 또 하나의 바위에는 '人間がこんなに哀しいのに 主よ 海があまりに碧いのです'라는 비문이 있다. 엔도가 이 문학비를 위해 특별히 지은 문장이다. 우리말로는 '사람이 이다지 슬픈데도 주여, 바다는 너무나 푸릅니다'라고 해석된다. '침묵'에 나오는 문장은 아니지만 도모기 마을에 잠입한 젊은 신부 로드리고가 혼잣말로 읊조렸을 법한 문장이다. 이 문학비 제막식에 참가한 엔도는 '나에게는 최고의 문학비'라는 말을 남겼

시쓰 마을 어귀에 있는 엔도 슈사쿠(遠藤 周作, 1923~1996) 문학비

다고 한다.

시쓰교회는 마을의 높은 언덕에 자리를 잡고 있다. 바람이 거센 소토메의 기후를 고려해 지붕을 그다지 높지 않게 설계한 건물이다. 이 건물을 설계한 도 로 신부의 고향도 바람이 강한 지역이어서 특별히 강풍에 대비할 수 있었다고 한다.

교회당에 나가사키 지역 초기 교회당에서 볼 수 있는 스테인드글라스나 리브볼트 천정 같은 장식은 없다. 내부는 일본 전통 목조건물 느낌이 살아있다. 외벽도 흰색이다. 소박하면서도 결코 격조를 잃지는 않은 건축물이다.

한국인 순례자들도 이 교회를 많이 찾고 있었다. 내가 2019년 4월, 이 교회를 찾아갔을 때도 한국인 순례자들의 미사가 예약돼 있다는 말을 안내인으로부터 들었다.

도 로 신부가 이 교회를 지을 무렵 이 지역에는 약 3,000명의 신자가 있었다고 한다. 그러나 태평양전쟁 종전 이후 일본 경제의 고도성장기를 거치며 불어 닥친 도시화 물결을 소토메 지역도 피해갈 수 없었다. 젊은이들이 차츰 대처로 떠나며 인구도 줄었다. 일본은 현재 인구의 20% 이상이 65세 이상의 노인인 초고령사회에 접어들었다. 반농반어가 주업인 소토메 지역도 예전의 활기는 이미 잃었다. 그나마 이 지역이 잠복 기리시탄 관련 유산으로 유네스코 세계문화유산에 등재되면서 탐방객들의 발길이 조금씩 늘어나고 있는 것이 위안이라면 위안이다.

근 450년의 그리스도교 역사를 자랑하는 시쓰 마을에서는 수많은 사제와 수녀가 배출됐다. 무엇보다도 특기할 사실은 이 마을 출신 추기경이 2명이나 된다는 것이다. 지금까지 임명된 일본인 추기경은 모두 6명에 불과하다. 한국인 추기경은 지금까지 3명이 배출됐다. 다구치 요시고로(田口 芳五郎, 1902~1973) 추기경과 사토와키 아사지로(里脇 淺次郎, 1904~1996) 추기경이 이 마을 출신이다. 다구치 추기경은 도 로 신부의 지도로 농기구와 공사용 공구를 만들던 대장간 대장장이의 아들로 태어났다. 오사카대교구 주교와 성토마스대학 학장을 지냈다. 사토와키 추기경은 해상운송 중개업자의 아들이었다. 나가사키대교구 주교를 역임했다. 사토와키 추기경은 재임중 교황의 일본 방문을 실현했다. 1981년 2월 나가사키를 방문한 교황 요한 바오로 2세에게 "나가사키의 신자들은 4세기 넘게 교황님의 방문을 기다리고 있었습니다"라는 감동적인 환영사를 남긴 인물이 바로 사토와키 추기경이다.

시쓰 마을에서 선셋로드를 따라 자동차로 5분 정도 북상하다 보면 오노大野 마을이 나온다. 오노다케大野岳, 352m 기슭에 형성된 작은 마을이다. 마을 입구에서 안내표지를 따라 비탈길을 오르면 오노교회가 있다. 마을에서 가장 높은 곳에 자리잡은 집이다. 교회당으로는 규모가 작다. 조금 큰 민가 같은 분위기가 나는 건축물이다. 그러나 이 건축물이야말로 도 로 신부의 건축철학이 유감없이 구현된 건물이다.

오노 마을의 잠복 기리시탄들 가운데 일부는 금교가 해제되자 가톨릭교회로 복귀했다. 그리고 이웃 마을에 있는 시쓰교회에 다녔다. 당시 오노 마을에는 200호 정도의 민가가 있었다. 이 가운데 가톨릭교회로 복귀한 신자는 26호에 불과했다. 이들은 마을에서 혹독한 따돌림을 당했다. 공동우물과 공동묘지를 사용할 수 없게 됐다. 그리고 생업인 정어리잡이에도 참가할 수 없게 됐다. 그러나 이들은 굴하지 않았다. 이들은 먼 마을에 있는 선주에게 고용돼 정어리잡이를 하며

오노(大野)교회

오노교회 신자가 탐방객들에게 교회에 얽힌 이야기를 들려주고 있다.

스스로 정어리어선을 장만하기까지 했다. 이들은 그러면서 자기 마을에도 교회를 세우고 싶어했다.

도 로 신부는 이들을 위한 교회를 짓기로 했다. 우선 높은 언덕에 교회터를 닦았다. 장쾌하게 펼쳐진 동중국해가 한눈에 들어오는 곳이었다. 날씨가 좋을 때는 멀리 고토열도五島列島도 보인다. 외벽은 도 로 신부의 전매특허인 돌쌓기 기법을 활용했다. 바로 '도 로 벽'인 것이다. 역시 지역에서 채취한 현무암을 사용했다. 마을에서 교회까지 오르는 길은 가파른 계단길이었다. 신자들은 이 가파른 길로 건축자재를 등짐으로 져 날랐다. 지금은 자동차도 올라올 수 있는 넓은 길이 조성돼 있다. 자동차길은 구불구불하게 만들어 경사도를 많이 낮췄다.

지붕은 기와를 얹었다. 정면의 창문 윗부분이 벽돌아치로 꾸며져 서양풍이 살짝 날 뿐, 서양식 건물 같지도 않고 더욱이 교회당 같지도 않은 건물이다. 하지만 자연석을 쌓아 만든 외벽이 자아내는 외관은 현대미술 작품 이상의 세련미를 뽐내고 있다.

교회당은 건립된 지 120년을 훌쩍 넘겼지만 지금도 건축 당시의 원형을 그대로 간직하고 있다. 내가 2019년 4월 이 교회를 찾아갔을 때 나는 여러 탐방객들과 함께 이 교회 신자인 한 노인에게 교회에 관한 설명을 들을 수 있었다. 나이가 여든 가깝게 보이는 이 노인은 "이 교회야말로 초기 신자들의 지극정성으로 세워진 신앙공간"이라며 "이 마을 신자들과 함께 교회를 설계하고 건축공사를 감독한 도 로 신부의 인자한 마음도 고스란히 담겨 있다"고 말했다.

지금은 신자 수가 줄어 이 마을 신자들은 시쓰 교회에서 미사를 드리고 있다. 그러나 장례식이나 특별한 미사 등은 이 교회에서도 열린다.

지금도 건재한 구로사키黑崎 가쿠레 기리시탄

구로사키(黑崎)교회

소토메의 구로사키 지역에는 지금도 가쿠레 기리시탄 조직이 유지되며 건재를 과시하고 있다. 1873년 금교령이 사실상 해제되자 소토메 지역의 잠복 기리시탄들은 가톨릭교회에 복귀하는 그룹과 그대로 옛 방식대로 신앙을 유지하는 그룹으로 나뉘었다. 1880년 파리외방전교회의 보고에 의하면 소토메의 가톨릭 신자는 2,913명인 반면 가쿠레 기리시탄은 5,000명 정도 됐다.

가쿠레 기리시탄 가운데 시간이 흐르면서 가톨릭교회로 복귀하는 사람들도 있었지만 가쿠레 기리시탄의 세력은 좀처럼 누그러들지 않았다. 일본 농어촌 사회의 특성상 진로를 본인이 선택할 수는 없었다. 신앙공동체 지도부의 결정에 따르는 것이 일반적이었다.

그러나 태평양전쟁 종전 이후 밀려든 산업화, 도시화 물결에 가쿠레

구로사키(黑崎) 가쿠레 기리시탄 지도자 무라카미 시게노리(村上 茂則)씨

기리시탄 조직은 위축되기 시작했다. 젊은이들이 도시로 유출되며 나타난 인구감소 현상이 치명적이었다. 가쿠레 기리시탄 조직은 시간이 흐르며 차츰 하나둘씩 해산됐다. 조직의 지도자 육성도 어려워졌다.

2017년 조사보고에 따르면 소토메에는 가쿠레 기리시탄 조직이 구로사키와 시쓰에 각 1개씩 남아 있다고 한다. 합해서 약 50호 정도이다.

나는 2019년 4월 구로사키 지구 가쿠레 기리시탄 대표 무라카미 시게노리村上 茂則 씨를 만날 수 있었다. 무라카미 씨는 25세대, 52명의 신자를 이끄는 조카타帳方였다. 그가 건네준 명함에는 '구로사키 지구 가쿠레 기리시탄 대표 조카타'라는 직책이 명기돼 있었다. 가쿠레 기리시탄 조직 대표의 명함 한 장이 달라진 시대상을 여실히 보여줬다. 지금의 가쿠레 기리시탄은 숨어서 비밀리에 신앙생활을 하는 사람들이 아닌 것이다.

지금은 조직의 규모가 축소돼 미즈카타水方나 기키야쿠聞役는 따로 없고 조카타가 조직의 모든 일을 도맡아 수행하고 있었다. 조카타는 예순아홉 살이라고 했다. 나가사키에 있는 대형 조선소에서 근무하다 퇴직했다고 했다.

　　조카타의 집은 구로사키교회 아랫마을에 있었다. 이 마을 사람들은 모두 가쿠레 기리시탄이라고 했다. 친절하고 쾌활한 성격의 조카타는 나와 함께 이 마을을 찾은 일본가쿠레 기리시탄연구회 회원들을 자신의 집으로 초대해 전승돼온 오라쇼 문건과 신심구 등을 보여줬다. 조카타의 집 마당 정원수들은 마치 분재처럼 잘 관리돼 있었다. 안내를 받아 들어간 방은 보통의 일본 민가에서는 보기 어려운 넓은 방이었다. 바닥에 다다미가 깔려 있는 이 방에서 기리시탄 행사들이 진행된다. 방의 한쪽에는 전형적인 가쿠레 기리시탄 제단이 장식돼 있었다.

무라카미씨의 방

▲구로사키(黑崎) 가쿠레 기리시탄 지도자 무라카미 시게노리(村上 茂則)씨 집에 차려진 제단
▼무라카미씨가 간직하고 있는 오라쇼집. 오랜 기간 전승돼온 것이다.

조카타는 탐방객들을 위해 오라쇼도 시연해 보여줬다. 무라카미 조카타의 오라쇼는 비교적 발음이 또렷했다. 조카타의 오라쇼 가운데 는 '주님의 기도'(개신교의 주기도문)와 '사도신경使徒信經'도 있었다. 이 두 오라쇼는 가톨릭교회에서 현재 사용하고 있는 기도문과 거의 일치

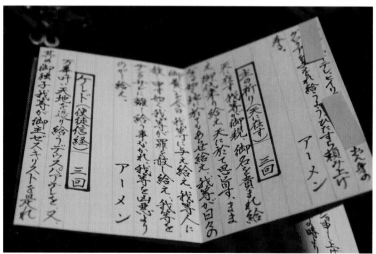

무라카미씨가 새로 편집한 오라쇼집

했다. 동행했던 하마사키 겐사쿠浜崎 献作 전 일본가쿠레 기리시탄연구회 회장은 "이 오라쇼는 17세기부터 전해오던 것이라기보다 금교령이 해제된 이후 가톨릭교회의 기도문을 그대로 수용한 것으로 봐야 할 것"이라고 지적했다.

조카타에게는 전승돼온 오라쇼 기록물들이 있었다. 하지만 조카타는 새롭게 오라쇼를 정돈해 문자로 기록하는 작업을 완료해뒀다. 후세에 정확히 전승하기 위한 방책이다.

무라카미 조카타는 자신이 9대째 기리시탄이라고 했다. 부인도 역시 기리시탄 집안 출신이다. 이 지역 가쿠레 기리시탄들은 다른 지역과는 달리 불교, 신도와는 철저히 분리된 신앙을 유지하고 있었다. 금교기에는 막부의 정책에 따라 사찰에 이름을 등록하고 신앙을 은폐하기 위해 사찰의 행사에도 참가했지만 금교가 해제된 이후에는 확실히 단절했다고 한다. 그러나 이 지역도 인구가 감소하는 것은 물론이고 마을에 남아 있는 젊은이들이 적어 조직을 지속하기 어려운 상황이 점차 다가오고 있다. 무라카미 씨가 조카타 직을 맡게 된 지가 12년째이지만 유아세례는 지금까지 한 명에게 밖에 주지 못했다고 한다.

이들이 조직 유지에 위기를 느끼면서도 가톨릭교회에 나가지 않는 이유는 오로지 선조들이 전해준 신앙 형태를 바꿀 수 없다는 것이었다.

앞에서 언급했지만 가쿠레 기리시탄 조직에서 조카타의 고유한 임무는 전승된 교회력에 따라 매년 축일을 정하는 것이다. 소토메 지역 기리시탄들이 축일을 정하는 방법은 17세기 전설적인 전도사 바스창이 전해준 것이다. 무라카미 조카타는 우리 일행에게 자신이 작성한 '2019년 바스창력曆 축일표祝日表'를 보여줬다. 축일표 표지 아랫부분에는 '헤세이平成 31년 구로사키판黑崎版'이라고 표기돼 있었다. 첫 페이지에는 바스창력에 대한 설명과 바스창력 축일 산정 방법이 소개돼 있었다. 이에 따르면 바스창력은 춘분春分을 기점으로 축일을 산정한다. 축일은 그리스도의 생애에 행해졌던 중요한 일을 기념하는 제식을 1년 중에 배분해 신앙생활을 리드미컬하게 고양高揚하기 위해 정해진다. 또 산타마리아의 주요사항과 성인들의 기념일노 고려돼 있다. 바스창력은 춘분으로부터 24일이 지난 이후의 일요일을 부활절로 삼는다. 부활절 전일로부터 역산해 46일이 되는 날이 '재의 수요일'이다. 바로 사순절이 시작되는 날이다.

무라카미 조카타가 작성한 2019년 축일표의 부활절은 4월 14일이었다. 가톨릭 교회와 개신교회의 이해 부활절은 4월 21일이었다. 일주일간의 차이를 보였다. 가톨릭교회와 개신교의 부활절은 춘분 이후 첫 만월滿月이 지난 일요일이다. 춘분 이후 24일이 지난 일요일을 부활절로 하는 바

구로사키(黑崎) 가쿠레 기리시탄 지도자 무라카미 시게노리 (村上 茂則)씨가 작성한 바스창력 축일표

스창력과는 오차가 있을 수밖에 없다. 바스창력의 이 해 성탄절은 12월 23일이었다.

구로사키 가쿠레 기리시탄 조직은 결코 폐쇄적이지 않았다. 금교령 해제 이후 가톨릭교회로 복귀하지는 않았지만 오랜 전승 과정에서 불명확해진 부분은 가톨릭교회에서 배워 보완한 흔적이 역력하다. 매년 가쿠레 기리시탄과 가톨릭교회, 불교사찰이 공동으로 진행하는 가레마쓰枯松신사제도 구로사키 가쿠레 기리시탄의 이러한 개방성 때문에 가능했던 것으로 보인다.

무라카미 조카타는 우리 일행에게 지역의 여러 곳을 안내해줬을 뿐만 아니라 점심식사까지 대접해줬다. 함께 식사하기에 적당한 식당이 없는 곳이라 우리는 주문한 도시락을 먹게 됐다. 도시락이었음에도 생선회가 빠지지 않았다. 동중국해 청정해역에서 잡은 신선한 생선으로 장만한 회는 도회지의 횟집에서 나오는 것들과는 비교할 수 없는 탁월한 맛이었다.

제4부

기리시탄 농민봉기의 현장, 시마바라島原와 아마쿠사天草

시마바라島原와 아마쿠사天草의 복음 전래

　시마바라島原반도와 아마쿠사天草제도는 아리아케有明해를 사이에
두고 있다. 시마바라반도는 나가사키현長崎縣에 속하고 아마쿠사제도
는 구마모토현熊本縣에 속한다. 하지만 두 지역은 서로 마주보고 있어
예부터 긴밀한 관계를 맺어왔다.
　시마바라반도의 중심부에는 활화산인 운젠다케雲仙岳가 있다. 운
젠다케는 하나의 산이 아니라 삼봉오악三峰五岳으로 불리는 여러 봉우
리들을 아우르는 산군을 총칭하는 이름이다. 유명한 운젠온천도 이
산기슭에 자리 잡고 있다. 가장 높은 봉우리는 헤이세이신산平成新山으
로 해발 1,486m이다. 헤이세이신산은 일본 연호로 헤이세이 2년(서
기 1990년)부터 헤이세이 7년(서기 1995년)까지 계속된 분화활동으
로 지형이 새롭게 형성됐기 때문에 붙여진 이름이다. 시마바라시에는
당시의 상황을 알려주는 운젠다케재해기념관이 있다. 당시 재해상황
은 사망 41명, 행방불명 3명, 부상자 12명, 건물피해 2,511건으로 집
계됐다. 운젠다케는 1792년에도 분화했다는 기록이 있다.

시마바라(島原)반도와 아마쿠사(天草)제도 사이에 있는 아리아케(有明)해에서 볼 수 있는 돌고래

시마바라반도와 아마쿠사제도는 운젠아마쿠사국립공원으로 지정돼 있다. 운젠지구는 1934년 일본 최초의 국립공원이 됐고 아마쿠사지역이 1956년 편입됐다.

아리아케해는 아름답기도 하지만 일본 최대 규모의 갯벌이 펼쳐져 있어 수산자원이 풍부하다. 아리아케해에는 돌고래도 많이 서식하고 있어 돌고래를 탐사하는 관광상품이 다양하게 출시돼 있다. 돌고래 탐사선을 타고 나가서 돌고래를 볼 수 있는 확률은 90% 이상이다. 그러나 우리나라 울산 장생포에서 출발하는 고래바다여행선에서 볼 수 있는 돌고래처럼 역동적이지는 않다. 한두 마리가 살짝살짝 수면 위로 나타나는 것을 반복적으로 볼 수 있다. 장생포 고래바다여행선에서 고래나 돌고래를 볼 확률은 30% 정도에 불과하다. 그러나 울산 앞바다에서는 수천 마리의 돌고래가 떼를 지어 물 위로 솟구치면서 경쾌하게 이동하는 장관을 볼 수 있다.

시마바라반도의 구치노쓰(口之津)항과 아마쿠사 섬의 오니이케(鬼池)항 사이의 아리아케(有明)해를 오가는 페리선

나가사키현과 구마모토현은 가까운 거리에 있지만 육로는 북쪽의 도스鳥栖까지 가서 다시 남하해야 한다. 그래서 바닷길을 이용하는 경우가 많다. 북쪽부터 다이라多比良와 나가스長洲를 잇는 항로와 시마바라외항과 구마모토항을 잇는 항로, 구치노쓰口之津와 오니이케鬼池를 연결하는 항로 등이다. 모두 차를 실을 수 있는 페리가 운행되고 있다. 운이 좋으면 페리에서도 돌고래를 볼 수도 있다.

시마바라반도에는 시마바라시島原市와 미나미시마바라시南島原市, 운젠시雲仙市 등 3개 행정구역이 있다. 아마쿠사제도는 가미아마쿠사시上天草市와 아마쿠사시天草市로 나뉜다.

시마바라와 아마쿠사는 공통적으로 천혜의 자연경관과 풍부한 수산자원을 자랑한다. 그러나 농사를 위한 경작지는 그다지 풍족하지 않다. 그나마 대개 밭이다. 벼농사를 지을 평야지대가 부족한 지역이다.

구치노쓰(口之津)항. 시마바라반도 남부에 있다.

　규슈를 종단하는 고속도로인 규슈자동차도나 철도 가고시마혼센 좌우에는 너른 평야가 펼쳐져 있다. 땅이 기름지고 물이 풍부한 규슈 지역은 일본 열도에 벼농사가 도입된 땅이다. 한반도에서 벼농사를 짓던 사람들이 기원전 3세기 무렵부터 규슈지역으로 넘어와 정착했다.

　이들이 기원후 3세기 무렵까지 펼친 문화를 야요이彌生문화라 하고 이 시기를 야요이시대라고 한다.

　야요이시대 사람들이 살던 흔적은 사가佐賀현에 있는 요시노가리 역사공원吉野ヶ里 歷史公園에서 살펴볼 수 있다. 1986년 이 지역에 공업단지를 개발하기 위해 실시한 발굴조사에서 일본뿐만 아니라 세계 학계를 놀라게 한 유적과 유물이 대량으로 발견됐다. 야요이시대의 마을 형태가 고스란히 남아 있었던 것이다. 이곳에서 출토된 유물들은 모두 한반도의 직접적인 영향을 받은 것들이어서 우리에게도 흥미로운 곳이다. 우리나라 청동기시대의 상징적인 유물인 세형동검과 잔무

늬거울, 민무늬토기, 옹관묘 등이 이곳에서도 같은 모양으로 출토됐다. 유물 외에도 600년 동안 40만m²에 걸쳐 조성된 대규모 마을 유적이 귀중하게 평가된다. 마을 외곽에는 원형 환호環濠가 조성됐던 흔적도 있다. 울산 검단리 환호유적과도 흡사하다. 일본 정부는 1990년 이곳을 특별사적으로 지정하고 1992년부터 국영역사공원으로 정비했다.

시마바라와 아마쿠사는 규슈의 다른 지역에 비해서는 물산이 여유롭지 못한 지역이었다. 하지만 복잡한 해안선 영향으로 항구가 발달해 남만문화를 접하기에는 유리했다.

일본에 그리스도교가 전해지기 시작했을 무렵 시마바라 지역의 영주는 아리마 요시사다有馬 義貞였다. 요시사다는 일본 최초의 기리시탄 다이묘였던 오무라 스미타다大村 純忠의 실형實兄이었다. 요시사다의 아버지 아리마 하루즈미有馬 晴純는 아리마 가문의 최전성기를 이끌었던 인물이다. 하루즈미는 전성기 때 장남인 요시사다를 남겨두고 나머지 아들들을 주변의 영주들에게 양자로 보냈다. 지배체제를 강화하기 위한 방책이었다.

요시사다도 신부들을 그의 영지로 초대했고 구치노쓰口之津 항구를 남만무역항으로 할애했다. 구치노쓰항과 아마쿠사의 오니이케鬼池 항과는 거리가 약 10Km로 시마바라와 아마쿠사를 잇는 항로 가운데 거리가 가장 짧다. 지금은 페리가 다니고 있다. 페리로 약 30분이면 건널 수 있다.

1563년부터 구치노쓰는 전교의 거점이 됐다. 신자도 점차 늘어갔다. 1576년에는 요시사다가 세례를 받았다. 요시사다가 세례를 받자 집단개종이 일어났다. 6개월 사이에 2만 명 이상의 영민이 개종했다고 한다. 집단개종은 이후에도 몇 차례 더 일어났다. 40곳 이상의 신사와 사찰이 파괴됐다. 이 중 일부는 교회로 바뀌기도 했다.

아리마 가문의 거성인 히노에성日野江城 아래에는 일본 최초의 초등신학교가 세워졌다. 1582년에는 이 신학교 1기생 가운데 4명이 로마에 파견됐다.

기리시탄 다이묘인 오토모 소린大友 宗麟과 오무라 스미타다大村純忠, 아리마 하루노부有馬 晴信는 소년 4명을 유럽에 파견했다. 이 계획은 일본에서의 포교성과를 알리고 일본 교회에 대한 유럽의 지원을 얻어내기 위해 기획됐다. 이들을 덴쇼天正 견구소년사절단少年使節團이라고 한다. 일본에서는 '덴쇼겐오쇼넨시세쓰'라고 한다. 덴쇼는 당시의 연호였다. 사절단은 교황까지 알현하고 1590년에 귀국했다. 수에즈운하가 없던 당시에는 인도양을 지나고 아프리카 대륙 남단의 희망봉을 돌아야 유럽까지 갈 수 있었다. 이 사절단으로 유럽 세계에 일본

시마바라(島原)에 있었던 초등신학교 터

의 존재가 확실히 알려졌다. 사절단은 돌아오면서 구텐베르크 인쇄기를 가져와 일본이 동아시아 최초로 서양활판기술을 도입하는 계기를 만들었다.

그러나 하루노부가 실각하고 1614년 도쿠가와 이에야스의 전국적인 금교령이 내려지자 하루노부의 아들 나오즈미直純는 돌변했다. 스스로 그리스도교를 버리고 기리시탄을 박해하기 시작했다.

아리마 씨가 시마바라를 떠나고 마쓰쿠라 시게마사松倉 重政가 시마바라의 새 영주로 부임하게 되면서 기리시탄에 대한 탄압은 그 강도가 심해졌다.

아마쿠사는 1600년 벌어진 세키가하라 전투 때까지 기리시탄 다이묘 고니시 유키나가小西 行長의 영지였다. 아마쿠사에서도 고니시의 비호 아래 그리스도교 전교는 순조롭게 진행됐다. 영민들은 집단개종을 이어나갔다.

도요토미의 선교사추방령 이후 선교사들은 규슈 선교의 거점을 아마쿠사로 옮겼다. 도요토미의 눈을 피하기 위해서였다. 1591년에는 고등신학교가 아마쿠사에 세워졌다. 덴쇼견구소년사절단이 가져온 쿠텐베르크 인쇄기로 교리서 등을 인쇄한 곳도 아마쿠사였다. 아마쿠사에는 미술학교도 세워졌다. 이탈리아인 화가들이 이곳에서 일본인 학생들에게 수채화와 유화를 가르쳤다. 아마쿠사에서는 이 시기에 기리시탄문화가 활짝 폈다. 1593년에는 3만여 명의 전 도민이 신자가 됐다.

그러나 고니시 유키나가는 세키가하라 전투에서 실각했다. 이 전투에서 서군에 가담한 유키나가는 패전과 동시에 참수당했다. 아마쿠사는 데라자와 히로타카寺澤 廣高에게로 넘어갔다. 데라자와 가문도 시

구마모토(熊本)현 우토성(宇土城)터에 있는 기리시탄 다이묘 고니시 유키나가(小西 行長) 동상. 목에 걸치고 있는 십자가 목걸이가 유키나가가 기리시탄이었음을 말해주고 있다(박스 안 사진 참조).

마바라와 마찬가지로 기리시탄을 탄압하기 시작했다.

그리스도교 박해와 운젠온천雲仙溫泉

시마바라의 중심에는 운젠다케가 있고 운젠다케의 기슭에는 운젠온천雲仙溫泉이 있다. 운젠온천은 701년에 개탕開湯했다는 기록이 있다. 이때 세워진 온천신사가 지금도 있다. 시마바라시에서 운젠온천을 지나 나가사키시로 이어지는 도로가 있다. 양쪽으로 비탈진 이 도로의 정점부에 운젠온천이 있다. 시바바라시와 나가사키시, 이사하야 諫早시에서 자동차로만 운젠온천에 접근할 수 있다. 철도는 연결돼 있지 않다.

운젠온천(雲仙溫泉) 지역에 있는 운젠지옥(地獄). 온천에서 피어오른 김이 지표 위로 뿜어져 나오는 곳이다.

나는 2019년 2월 시마바라에서 버스로 운젠온천까지 가서 다시
버스로 나가사키로 이동한 적이 있다. 각각 두 시간 정도씩 걸렸다.
운젠온천에 가는 길은 오르막이었고 나가사키로 가는 길은 내리막이
었다. 일본의 버스는 운행시간이 정확하다. 정류소마다 버스 도착시
각이 표기돼 있는데 어김없이 그 시각에 버스가 온다. 비탈길을 버스
는 평균 시속 40Km 정도의 속도로 운행하고 있었다. '빨리빨리 문화'
에 익숙한 한국인인 나로서는 느릿한 버스의 속도가 조금 답답하기도
했다. 그러나 수려한 주변 경관을 여유롭게 감상할 수 있어서 좋았다.

운젠지옥(地獄)에 있는 기리시탄 순교비

일본의 버스에서는 버스가 정류소에 완전히 멈추기 전에 승객이 좌석에서 일어나면 안 된다. 안전을 위해 반드시 버스가 멈춘 이후에 일어나야 된다. 운행시각표는 이렇게 소요되는 시간을 충분히 고려해 작성돼 있다.

운젠온천은 개항기에 나가사키에 기항하는 외국인 선원들에게도 인기가 높았다. 온천거리 가운데는 운젠지옥地獄이 있다. 온천의 김이 지표로 뿜어져 나오는 모습이 지옥을 연상케 한다고 해서 붙여진 이름이다. 이곳 온천은 유황성분이 포함돼 있어 김에서는 유황 냄새도 살짝 난다. 온천에서 나오는 물은 우윳빛을 띠고 있다. 운젠지옥에는 탐방로와 전망대가 잘 정비돼 있다. 곳곳에 족욕탕足浴湯도 있다. 온천에서 삶은 계란을 판매하는 곳도 있다.

기리시탄을 탄압했던 다이묘들은 이 아름다운 온천도 고문 수단으로 활용했다. 시마바라의 새 영주 마쓰쿠라 시게마사松倉重政는 1627년 기리시탄 16명을 운젠지옥까지 끌고 왔다. 기리시탄들은 거꾸로 매달려 김이 펄펄 나는 온천에 빠뜨려지기를

운젠순교제를 알리는 포스터.

반복하다 최종적으로 다리에 돌이 매달린 채로 온천에 던져졌다. 이 16명은 2007년 복자로 시복됐다. 혹독한 고문에도 굴하지 않고 순교를 맞은 신자도 있었지만 이 무지막지한 고문에 못 이겨 기교棄敎를 선언하는 신자들도 속출했다. 온천을 이용한 고문이 기교를 유발하는 데 효험이 있다는 소문이 퍼지자 나가사키 쪽의 기리시탄들도 운젠온천으로 끌려왔다. 운젠온천에서 고문을 당한 기리시탄은 약 500명에 이르는 것으로 알려져 있다. 이 가운데 33명이 순교했다.

운젠지옥에는 1961년 나가사키대교구가 세운 십자가형 순교기념비가 있다. 교구에서는 매년 5월 운젠교회에서 운젠지옥까지 순례를 진행하는 순교제를 열고 있다.

시마바라·아마쿠사의 농민봉기島原·天草の一揆와 하라성터原城跡

17세기 초 시마바라와 아마쿠사 지방 대부분의 주민들은 기리시탄이었다. 하지만 1614년 막부의 금교령이 내려지자 두 지방 영주들의 기리시탄 탄압은 점점 혹독해졌다.

마쓰쿠라 시게마사松倉 重政는 시마바라의 새 영주로 부임하자 그의 거성인 시마바라성을 축조했다. 아리마 씨의 거성인 히노에성은 폐성됐다. 마쓰쿠라의 석고石高는 4만 석 규모였다. 그러나 시마바라성은 10만 석 규모의 다이묘 거성에 상당하는 성으로 설계됐다. 외벽을 흰색으로 마감하는 사치도 감행했다. 영민들의 세금 격인 연공年貢 부담은 늘어만 갔다.

시마바라성(島原城)

시마바라성은 시마바라반도의 북서부에 있는 시마바라시 중심에
있다. 동쪽으로는 아리아케해가 펼쳐져 있고 서쪽으로는 운젠다케가
보인다. 이 성은 1874년 메이지 정부의 폐성령廢城令에 의해 폐성 처
분됐다. 성의 토지와 건물은 민간에 불하됐다. 1876년에는 천수각을
포함한 건축물들이 파각됐다. 본환本丸과 이지환二之丸은 농경지로 바
뀌었고 삼지환三之丸에는 학교가 세워졌다. 일본성은 일반적으로 본환
과 이지환, 삼지환으로 권역이 구분돼 있다. 본환이 핵심부이다. 그다
음이 차례로 이지환과 삼지환이다. 일본성은 영어로 'castle'이라고
번역된다. 그러나 한국과 중국의 성은 'wall'로 번역한다. 서울의 한양
도성은 'Fortress Wall of Seoul', 중국의 만리장성은 'the Great
Wall of China'로 번역하는 것이 일반적이다. 성城의 개념이 다르다.
한국과 중국의 성 안에는 백성이 있다. 성은 백성을 보호하기 위한 방
어물 기능을 한다. 그러나 일본성 안에는 백성이 살 수 없었다. 성주城
主와 성주를 지키기 위한 병사들이 주둔하고 있을 뿐이었다. 성주의

가신家臣인 무사들은 성 아래에 형성된 마을인 조카마치城下町에 거주했다. 조카마치는 행정과 상업의 중심지로 성장하면서 근대도시로 발전했다. 하지만 외부의 적으로부터 공격을 받을 때는 속수무책이었다. 성을 공격하는 진영에서는 공격에 앞서 조카마치를 우선 초토화시키는 것이 보통이었다.

시마바라 시민들은 1960년대에 이 성을 복원했다. 천수각은 1964년에 복원됐다. 천수각은 현재 향토역사자료관으로 활용되고 있다. 기리시탄 관련 자료도 많이 전시돼 있다.

일본성에 복원된 천수각은 대체로 콘크리트를 활용해 지어졌다. 도요토미 히데요시의 거성이었던 오사카大阪성 천수각에는 엘리베이터도 있다. 콘크리트 천수각들은 해당 지역의 랜드마크 역할을 하며 자료전시관으로 이용되는 경우가 많다.

시마바라성 본환에는 후루노매원古野梅苑이라는 매실나무밭이 조성돼 있다. 백매白梅와 홍매紅梅 합해서 약 300그루가 심겨져 있다. 매화는 2월 상순에서 3월 상순까지 볼 수 있다. 이곳에 매화가 필 때는 매원다회梅園茶會도 열린다.

1630년 마쓰쿠라 시게마사의 뒤를 잇게 된 마쓰쿠라 가쓰이에松倉勝家는 영민들에게 더욱 가혹했다. 기본적인 연공 이외에 아이가 태어나면 두세頭稅, 묘혈墓穴을 파면 혈세穴稅, 창문을 내면 창세窓稅라고 하는 각종 잡세들을 만들어 부과했다. 연공이나 세금이 밀리는 사람들에게는 혹독한 고문이 가해졌다. 만삭의 부인을 강물에 빠뜨려 출산을 하게 해 모자가 같이 사망하는 참혹한 일도 벌어졌다. 영민들의 불만은 높아갔다.

금교정책으로 교회에서 이탈한 기리시탄들이 학정으로 인한 고통을 이겨내기 위해 교회로 다시 돌아오는 일들이 곳곳에서 벌어졌다.

시마바라에서도 금교령 이후 신부들이 쫓겨났다. 추방령에 응하지 않은 신부들은 참수당해 바다에 던져졌다. 신자들에 대한 박해가 심해지면서 순교자들이 속출했다. 이러한 상황에서도 순교를 각오한 신부들이 기리시탄 공동체로 잠입해 사목활동을 이어갔다.

1614년 금교령과 선교사추방령으로 아마쿠사를 떠났던 마르코스 신부는 신비한 예언을 남겼다. 26년 후 한 사람의 선인善人이 나타날 것이라는 것이었다. 이 선인은 글자를 배우지 않고도 다 깨우치며 갖가지 초능력을 지닐 것이라는 설명도 덧붙여졌다.

이 예언이 아마쿠사 지역 농민들에게는 영주의 학정으로부터 자신들을 구원해줄 메시아적 존재가 출현할 것이라는 믿음으로 발전했다.

그런 가운데 고니시 유키나가의 가신이었으나 고니시의 실각 이후에 농민으로 전락한 사람의 아들인 아마쿠사 시로天草 四郎가 범상치 않은 모양으로 성장하고 있었다. 시로는 비록 농민으로 전락했으나 훌륭한 교양과 어느 정도의 경제력을 유지한 부모로부터 교육을 받을 수 있었다. 기리시탄인 시로가 성장하며 바다 위를 걸었고, 눈먼 소녀를 보게 해줬다는 등의 기적을 일으켰다는 소문까지 덧입혀졌다. 아마쿠사 사람들에게 시로는 점차 마르코스 신부의 예언에 나오는 메시아로 여겨졌다. 이런 믿음은 바다 건너 시마바라 사람들에게까지도 확산됐다.

시마바라와 아마쿠사 지역에는 수년 동안 흉년이 거듭됐다. 그러나 연공이 줄어들기는커녕 오히려 나날이 가중됐다. 마침내 1637년 시마바라와 아마쿠사 지방 농민들은 추수를 끝내고 무장봉기했다.

두 지역의 농민 지도자들은 아리아케해 가운데 있는 유시마湯島에서 만났다. 시마바라의 지도자들은 아리마 씨의 가신이었다가 농민으로 전락한 사람들이 중심이었다. 아마쿠사에서는 고니시 씨의 가신이었던 사람들이 중심이었다. 이들은 이미 카리스마를 지니고 있던 아마쿠사 시로를 총대장으로 추대하고 봉기를 결정했다. 이때 아마쿠사 시로는 16세로 아직 소년이었다. 두 지역의 담합이 이루어졌던 유시마는 현재 단고지마談合島라고도 불린다.

이 봉기는 대개 '시마바라의 난' 또는 '시마바라—아마쿠사의 난'이라고 불린다. 그러나 난亂이라는 것은 어디까지나 지배자의 입장에서 붙여진 표현이다. 일본사에서는 민중봉기 같은 집단결사를 잇키—揆라고 한다. 그래서 '시마바라·아마쿠사의 잇키—揆'라고도 한다. 이 책에서는 이들의 처절했던 투쟁을 차마 난亂이라고 할 수 없이 농민봉기로 표현한다. 이 봉기는 일본 역사상 최대규모였다. 우리 역사의 동학농민봉기를 연상하지 않을 수 없다.

시마바라 농민군은 시마바라성으로 진격했다. 번주藩主인 마쓰쿠라 가쓰이에松倉 勝家는 농성전에 들어가며 막부와 인근 번주들에게 구원을 요청했다. 그러나 인근 번주들이 다른 번에 출병하려면 막부의 허가를 얻어야 했다. 다급해진 가쓰이에는 봉기에 가담하지 않았던 농민들에게도 무기를 주며 농민군 진압을 명했다. 그러나 무기를 손에 넣은 농민들은 무기를 든 채로 농민군에 가담했다. 농민군 세력은 더 확대됐다.

농민군은 시마바라성 공성이 어렵다고 판단하고 하라성(原城)에 입성했다. 시마바라성은 그만큼 견고했다. 농민군은 퇴각하면서 시마바라성 조카마치城下町를 불태워 버렸다.

아마쿠사에서도 농민군이 봉기했다. 그러나 시마바라와는 달리

아마쿠사는 지금의 사가佐賀현에 있었던 가라쓰번唐津藩 직할령이었다. 가라쓰에서 곧 원군을 보낼 수 있었다. 이에 맞서 시마바라 농민군 3~5,000명이 바다를 건너 아마쿠사 농민군에 합세했다. 농민군은 가라쓰군을 가볍게 격파하고 다시 바다를 건너 하라성에 입성했다. 하라성은 농민군 최후의 거점이 됐다. 농민군은 번의 창고에서 탈취한 식량과 무기들을 하라성으로 옮기고 결전에 대비했다. 폐성인 하라성을 정비하기도 했다.

하라성은 아리마有馬 씨의 거성인 히노에성日野江城의 지성支城이었다. 히노에성이 폐성되면서 하라성도 방치돼 있었다. 시마바라반도의 남동부에 있는 하라성은 아리아케해에 접해 있다. 아리아케해에 접한 면은 절벽으로 이루어져 방어에 유리했다. 아마쿠사 지역과의 연락에도 유리했다. 아리아케해에 접한 절벽은 암벽등반가들이 오버행over-hang이라 부르는 역경사 구간도 있다. 오버행은 암벽의 상층부가 돌출돼 있는 구간으로 암벽등반에서도 특별히 난이도가 높은 구간으로 꼽힌다.

하라성에서는 시마바라세 2만 5,000명, 아마쿠사세 1만 2,000명 등 모두 3만 7,000명이 농성에 들어갔다. 이 가운데 여성과 노인, 어린이를 뺀 전투원은 1만 3,000명에 달했다. 소년장수 아마쿠사 시로는 이 싸움의 정당성을 갈파하며 농민군의 단결을 호소했다. 실제 전투는 아리마 씨와 고니시 씨의 가신이었던 무사 출신들이 지휘했다. 철포鐵砲 수백 정으로 무장한 철포대도 준비됐다.

막부는 12만 명 규모의 토벌군을 시마바라에 파견했다. 토벌군은 하라성을 포위하고 총공격을 단행했다. 토벌군의 1차 공격은 농민군의 강력한 저항으로 실패했다. 농민군은 결사항전의 의지가 투철했던

하라성(原城)터

반면 급조된 토벌군의 사기는 그다지 높지 않았다. 전투경험이 풍부한 농민군 지휘관들의 역할도 컸다.

1차 토벌 실패 사실을 보고받은 막부는 새 토벌군 대장으로 마쓰다이라 노부쓰나松平 信綱를 임명했다. 시마바라의 토벌군은 마쓰다이라가 도착하기 전에 1차 패전을 설욕하기 위해 2차 공격을 시도했다. 그러나 농민군의 총반격에 막혀 또다시 패퇴했다. 이 전투에서 농민군의 사상자는 90명 정도였던 데 반해 토벌군 사상자는 3,819명이었고 이 가운데 전사자는 612명에 달했다. 토벌군 총대장 이타쿠라 시게마사板倉 重昌도 직격 철포탄에 맞아 전사했다. 오합지졸일 것으로 여겨졌던 농민군의 전투력은 상상 이상이었다.

시마바라에 도착한 마쓰다이라는 온건책과 강공책을 두고 망설였다. 농민군은 현재 반란군이기는 하지만 영지의 중요한 인적 자원이었다. 이들을 모두 희생시킬 수도 없는 노릇이었다. 마쓰다이라는 우선 농민군들에게 투항하면 용서하겠다는 회유책을 시도했다. 그러나 효과는 없었다. 농민군은 이미 죽음을 각오하고 있었다. 아마쿠사 시로는 농민군들에게 "지금 농성하고 있는 사람들은 다음 생애까지 친구이다"라는 내용이 담긴 문서를 작성해 배포했다. 농민군의 동요를 막고 격려하기 위한 것이었다. 이 문서를 '시로법도서四郎法度書'라고 한다. 가미아마쿠사시上天草市에 있는 '아마쿠사 시로 박물관'에 복제품이 전시돼 있다.

농민군 지도자인 아마쿠사 시로는 다른 지역의 기리시탄이나 포르투갈의 원군을 기대했을지도 모른다. 마쓰다이라는 이 점을 간파하고 네넬란드 상관에 함포사격을 의뢰했다. 막부로부터 무역의 자유를 보장받기 위해 노력했던 네딜란드 상관은 배 두 척을 아리아케해로 보냈다. 그리고 하라성을 향해 함포사격을 퍼부었다. 이 포격에도 농민군은 별 피해를 입지 않았다. 그러나 막연히 외국의 원군을 기다리던 농민군의 사기를 꺾기에는 충분했다.

농성이 길어지자 농민군은 점차 피폐해졌다. 식량은 소진됐다. 식량을 조달하기 위해 성 밖으로 나왔던 일부 농민군이 사로잡혔다. 토벌군이 이 농민군들의 배를 갈라보니 이들의 뱃속에는 콩과 해조류뿐이었다. 농민군의 농성은 두 달 하고도 보름을 넘기고 있었다. 게다가 계

시마바라 · 아마쿠사(島原 · 天草) 농민봉기를 이끈 소년장수 아마쿠사 시로(天草 四郎) 동상

절은 겨울이었다.

마쓰다이라는 총공격을 감행했다. 치밀한 토벌군의 작전에 허기지고 지칠 대로 지친 농민군은 추풍낙엽처럼 스러졌다. 농성 중이던 농민군 3만 7,000여 명이 전멸했다. 토벌군도 전사자 2,000명과 부상자 1만 3,000명의 피해를 입었다.

아마쿠사 시로의 어머니는 이미 토벌군에게 체포돼 있었다. 아마쿠사 시로에 대한 정보가 없었던 토벌군은 시로의 얼굴을 알지 못했다. 비슷한 연령대인 소년의 목을 차례로 들고 와 시로의 어머니에게 확인을 요구했다. 그러나 시로의 어머니는 "지금쯤 시로는 고니가 되어 로마로 가고 있을 것"이라고만 답했다. 그러던 시로의 어머니도 어느 시체의 머리를 보고는 안색이 변했고 끝내 통곡하며 쓰러졌다. 토벌군은 이를 시로의 목이라 단정했다. 그리고 시로의 목은 나가사키로 옮겨져 데지마 앞에 효수됐다. 당시 데지마에는 포르투갈인들이

파괴된 하라성벽

거주하고 있었다.

막부는 사태가 일단락되자 농민봉기에 대한 책임을 물어 시마바라 번주 마쓰쿠라 가쓰이에를 참수했다. 에도시대 무사들에는 극단적인 경우 스스로 할복할 것을 주문하는 명령이 전달됐다. 가쓰이에처럼 할복의 기회를 주지 않고 참수하는 경우는 없었다. 가쓰이에의 참수는 지극히 이례적이었다.

데라자와는 아마쿠사를 몰수당했다. 체면을 잃은 데라자와는 훗날 스스로 목숨을 끊었다.

시마바라의 당시 인구는 약 2만 8,000명이었다. 이 가운데 약 2만 4,000명이 농성에 가담해 목숨을 잃었다. 농민이 격감해 연공을 징수할 수도 없었다. 이렇게 되자 다른 지역의 농민들을 연공을 경감해 주는 조건으로 이주시켰다.

지금은 시마바라 소면이 유명하다. 시마바라 소면은 일본의 대표적인 밀 산지인 세토나이瀬戸内에서 이주해온 사람들이 만들었던 것이 유래가 됐다고 한다.

아마쿠사 지역도 황폐화되기는 마찬가지였다. 아마쿠사에는 구마모토와 가고시마 방면에서 온 이주민들이 새 삶의 터를 일궜다.

시마바라·아마쿠사의 농민봉기 이후 막부는 쇄국정책을 단행했다. 포르투갈인들의 출입항도 금지했다. 그러나 네덜란드 상인들에게는 무역을 허용했다. 나가사키 데지마의 주인도 포르투갈인에서 네덜란드인으로 바뀌었다. 네덜란드 독점무역체제는 막말幕末까지 이어졌다. 조선 후기 우리나라에 표착했던 박연이나 하멜 일행도 모두 나가사키로 가던 네덜란드인이었다.

막부는 시마바라·아마쿠사의 농민봉기를 기리시탄의 난으로 규정해 기리시탄 박해의 도를 높였다. 봉기에 참가한 농민들 가운데 절대다수가 기리시탄이었던 것은 사실이다. 그러나 이 사건은 어디까지나 영주의 학정에 반발해 일어난 농민봉기의 성격이 짙다. 하라성에서 전사한 농민군들을 순교자로 보지는 않는다.

이 농민봉기에서 기리시탄 농민군은 패배한 것처럼 보인다. 그러나 일본은 이후 메이지유신 때까지 약 230년간 평화시대를 맞는다. 1467년 발발한 오닌의 난 이후 170년간 이어졌던 전화가 멈춰진 것이다. 막부는 지속적으로 농민들에 대한 과도한 연공을 엄격히 금했다.

시마바라·아마쿠사의 농민봉기 소식은 조선에도 신속하게 알려졌다. 조선왕조실록 가운데 하나인 인조실록 1638년 3월 13일 기사에 놀랍게도 당시 동래부사 정양필(鄭良弼, 1593~1661)이 올린 치계 내용이 실려 있다. 1638년이면 조선은 병자호란(1636년)을 겪은 지 얼마 되지 않았을 때였다. 시마바라·아마쿠사의 농민봉기는 1638년 2월 28일 막을 내렸다. 이 소식이 불과 보름 만에 조선의 조정에까지 전해진 것이다. 실록에는,

東萊府使鄭良弼馳啓曰 "日本關白家康時, 有南蠻人稱以吉利施端, 來在日本, 只事祝天, 廢絶人事, 惡生喜死, 惑世誣民, 家康捕斬無遺。 至是島原地小村, 有數三人, 復傳其術, 出入閭巷, 誆誘村民, 遂作亂殺肥後守。 江戶執政等勦滅之云。"

동래 부사 정양필鄭良弼이 치계하여 이르기를 "이에야스家康가 일본의 관백이었을 때, 길리시단吉利施端이라고 하는 남만인南蠻人들이 일본에 와 살면서 단지 하느님에게 기도하는 것만 일삼고 인사人事는 폐하였으며, 사는 것을 싫어하고 죽는 것을 기뻐하며 혹세무민하였

는데, 이에야스가 잡아다 남김없이 죽여 버렸습니다. 이때에 이르러 시마바라島原 지방의 조그만 동네에 두서너 사람이 다시 그 술수를 전파하느라 마을을 출입하면서 촌사람들을 속이고 유혹하더니, 드디어 난을 일으켜 비후수肥後守를 죽였습니다. 이에 에도江戶의 집정執政 등이 모두 죽였다고 합니다."

라고 기록돼 있다.

기리시탄을 吉利施端이라고 표기한 것은 다소 우호적이다. 그러나 내용은 전혀 우호적이지 않다. 기리시탄에 대한 적대감과 경계심이 거침없이 드러난다. 시마바라에서의 일을 타산지석으로 삼아 조선에서도 서양 종교인 그리스도교를 철저히 경계할 것을 건의하는 취지가 행간에서 읽힌다.

이때는 병자호란의 영향으로 인조의 아들인 소현세자昭顯世子와 봉림대군鳳林大君이 청나라에 억류돼 있을 때였다. 소현세자는 이때 북경에서 독일 출신 신부 아담 샬과 교류하며 천주교와 천문학 등을 배우고 있었다. 귀국 후에 비운의 최후를 맞은 소현세자의 앞날에 닥칠 먹구름은 이때부터 드리워지고 있었던 것 같아 오싹하다. 9년 만에 귀국한 소현세자는 귀국한 지 석 달 만에 숨을 거뒀다. 소현세자의 사인을 둘러싼 의문과 추측은 지금까지도 끊이지 않고 있다.

봉기가 진압된 후 하라성은 파괴됐다. 하라성은 1604년 완성됐다. 임진왜란에 참전했던 다이묘들은 도요토미 히데요시 사후의 혼란기에 군사력을 강화하기에 힘썼다. 군사력 강화책의 하나로 새로운 성을 쌓거나 기존의 성을 개축하는 것이었다. 임진왜란 때 왜군은 한반도 남쪽 해안에 그들의 성을 쌓고 장기전에 대비했다. 이 성들을 왜성

아리마기리시탄 유산기념관에 전시돼 있는 하라성터 발굴 인골 모형. 발굴당시의 상황을 재현한 모형이다. 칼자국이 선명한 인골도 있다.

倭城이라고 한다. 한반도에는 왜성이 30여 개 있었다. 왜성에서는 실제 치열한 전투가 벌어지기도 했다. 왜장들은 이때의 경험을 살려 이전과는 다른 방식으로 새로운 성을 쌓았고 이때 몸으로 익힌 전술을 기본으로 병사들을 훈련시켰다. 아리마 하루노부有馬 晴信는 하라성을 완성하고도 이 성을 거성으로 사용하지는 않았다. 유사시에 활용하기 위해 준비해 둔 성이었다. 성은 새로운 전술을 구사할 수 있도록 설계돼 방어에 탁월한 구조를 지니고 있었다. 하라성에서 농성을 벌인 농

하라성터에서 발굴된 소형 십자가들. 농민군들이 지녔던 것들이다.

민군들 가운데는 이 성을 축조할 때 참가한 사람들이 많았다. 그래서 정비도 쉽게 할 수 있었다.

하라성 전체가 농민군의 무덤이었다. 하라성터에서 수많은 유골이 발굴됐다. 발굴된 유골 가운데는 칼자국이 선명하게 남아 있는 것도 있다. 하라성터에서 출토된 유물들은 성터 아래에 있는 '아리마 기리시탄 유산 기념관'에 전시돼 있다.

하라성터는 본환 부분만 정비돼 있다. 나머지 부분은 여전히 경작지로 활용되고 있다. 그러나 2018년 유네스코 세계문화유산으로 등재된 이후에는 찾아오는 탐방객도 늘었고 관리도 한층 체계적으로 변했다. 내가 2016년 이곳을 찾아왔을 때는 본환 바로 아래까지 차가 진입할 수 있었다. 그러나 2019년 2월 방문했을 때는 사정이 달랐다. 성터 아래에 있는 온천 주차장에 차를 세워야 했다. 그리고 온천 주차장에서 본환 입구까지 셔틀버스를 운행하고 있었다. 안내요원들도 많이 배치돼 있었다. 온천은 삼지환 자리에 개발돼 있었다. 시마바라는 한반도보다 따뜻한 곳이라 겨울임에도 밭에서는 배추와 무, 양파 등이 싱그럽게 자라고 있었다. 본환에는 소년장수 아마쿠사 시로의 동상이 세워져 있다. 하라성터에서 시바바라성까지는 버스로 한 시간 정도 걸린다.

사키쓰崎津 마을의 잠복 기리시탄

아마쿠사제도의 북쪽은 아리아케해에 접해 있다. 서쪽은 동중국해이다. 동중국해에 접한 아마쿠사 남서부에 요카구만牛角灣이라는 물굽이가 있다. 섬 안쪽으로 제법 깊이 형성된 만안灣岸이다. 해안선이 복잡한 리아스식 해안이다. 좋은 항구가 있고 깊숙한 내해에서는 진

사키쓰(崎津) 마을. 마을 한가운데에 교회당이 있다.

주眞珠조개 양식도 이루어지고 있다. 이곳에 사키쓰崎津 마을이 있다.

아마쿠사의 북부 해안에서 사키쓰 마을로 가는 길은 험준한 산악지대 사이로 나 있었다. 옛날에는 두 지역의 육로교통은 불가능했을 것으로 보인다. 요카쿠만의 항구를 이용한 해로를 주로 이용했을 것이다.

이 깊숙한 마을이 그리스도교 번성기에는 대단히 중요한 선교기지였다. 이곳에 고등신학교인 코레지오가 있었다. 덴쇼견구소년사절단이 가져온 쿠텐베르크 인쇄기로 각종 문건을 찍어내던 곳도 이곳이었다.

이 지역 사람들은 시마바라·아마쿠사의 농민봉기에 동참하지 못했다. 지리적 요인으로 대규모 인원의 이동이 불가능했다. 그러나 봉기가 진압된 이후 잔당소탕 차원에서 이 마을 기리시탄 35명이 잡혀 참수됐다.

기리시탄들은 신부들과의 연락이 완전히 단절된 상태에서도 관리들의 눈을 피해 신앙생활을 이어갔다. 이들을 잠복 기리시탄이라고 한다. 교회당 건물은 없었지만 교회 공동체의 조직은 유지됐다. 막말까지 잠복 기리시탄이 존재했던 지역은 히라도平戶와 이키쓰키시마生月島, 나가사키 주변(우라카미, 나가사키 항구, 소토메), 고토五島열도, 후쿠오카현 이마무라今村 그리고 아마쿠사였다. 관리들은 기리시탄을 색출하기 위해 후미에踏繪를 고안해냈다. 후미에는 '밟는 그림'이라는 뜻이다. 성화가 새겨진 손바닥만 한 크기의 동판이다. 관리들은 후미에를 갖고 다니며 백성들에게 밟게 했다. 이를 에부미繪踏라고 한다. '그림 밟기'라는 뜻이다. 관리들은 후미에를 당당하게 밟지 못하는 사람을 기리시탄으로 간주했다.

후미에(踏繪). 성화가 새겨진 동판이다. 에도시대 관리들은 백성들에게 후미에를 밟게 해 기리시탄을 색출했다.

사키쓰 마을에서도 매년 3월경에 에부미가 시행됐다. 처음에는 후미에를 제대로 밟지 못하는 기리시탄들이 속출했다. 이들에게는 혹독한 고문이 가해졌다. 고문에 못 이겨 후미에를 밟고 풀려난 기리시탄들은 집에 돌아와 신발에 묻은 흙을 물에 씻고 그 물을 마시며 참회했다고 한다. 기리시탄들은 해마다 열리는 에부미에 대비하는 요령을 터득해 나갔다. 밟을 때 발톱을 세워 발바닥이 후미에에 닿지 않도록 하는 연습을 수없이 반복했다. 발바닥에 종이를 붙여 후미에에 직접 닿지 않도록 하기도 했다. 7일을 단위로 하는 주간週間 개념이 없었던 에도시대에도 기리시탄들은 정확히 7일째 되는 날을 안식일로 삼았다. 안식일에는 파종도 하지 않았고 바느질도 하지 않았다. 부활절과 성탄절 등 교회의 절기도 정확하게 지켰다. 아기가 태어나면 세례도 행했다. 세례를 받은 아기에게는 이명異名이라는 세례명도 부여했다.

그런데 이들은 그리스도교와 전혀 관계가 없는 항아리나 구리거울, 중국 엽전 등을 신심구信心具로 활용했다. 특별히 사키쓰 마을에서는 전복껍데기도 신심구로 활용됐다. 전복껍데기 안쪽의 영롱한 빛깔을 신성하게 여겼던 모양이다.

잠복 기리시탄들은 선교사들이 가르쳐준 라틴어 기도문을 구전을 통해 전승했다. 이 기도문을 오라쇼라고 한다. 오라쇼는 기도문이라는 뜻의 라틴어 오라시오oratio에서 유래했다. 오라쇼는 아직 그 전통을 유지하고 있는 가쿠레 기리시탄들에게도 전승돼 있다. 잠복 기리시탄들이 오라쇼의 내용을 알고 있었다고는 보기 어렵다. 다만 그 어려운 오라쇼를 암송하는 정성에 의미를 둔 것으로 보인다. 오라쇼는 구전되면서 변형되기도 했다.

아마쿠사구즈레天草崩れ 발생

잠복 기리시탄 조직이 관리들에게 적발돼 무너지는 것을 '구즈레'崩れ라고 한다. 아마쿠사의 잠복 기리시탄들도 한때 관리들에게 적발돼 위기를 맞았다. 1805년 3월 아마쿠사 남서부의 사키쓰崎津, 오에大江, 이마토미今富, 다카하마高浜 마을의 잠복 기리시탄 조직이 관원들에게 발각됐다. 이 사건을 '아마쿠사구즈레天草崩れ'라고 한다. 이마토미 마을에서 소를 죽인 사건이 발단이었다. 에도시대에는 육식이 금지됐다. 불교의 영향도 있었지만 소는 중요한 농업자산이었다. 그런데 잠복 기리시탄들은 성탄절에 소를 잡아 함께 먹는 풍습을 이어오고 있었다.

네 마을에서 적발된 기리시탄은 5,000명이 넘었다. 전 주민의 절반 정도였다. 사키쓰 마을 주민은 2,368명이었다. 이 가운데 기리시탄은 1,710명이었다. 주민의 72%가 기리시탄이었다. 네 마을 중에 기리시탄 비율이 가장 높았다. 오에 마을은 3,143명의 주민 가운데 2,132명이 기리시탄이었다. 비율은 68%였지만 인원수는 가장 많았다.

기리시탄들이 적발되자 같은 마을의 비기리시탄들이 막부에 이들을 관대하게 처분해 달라는 탄원서를 보냈다는 기록도 있다. 자신들에게 화가 미칠 수도 있는 상황에서 이들은 마을 공동체의 단결을 중시했던 것이다. 또 기리시탄들이 신자가 아닌 이웃들과 마찰 없이 사이좋게 지내고 있었다는 반증이어서 놀랍다.

과연 막부의 처분은 관대했다. 이듬해 막부는 이들을 '선조로부터 전래된 습관을 아무것도 모르고 답습하는 그릇된 자'로 판명했다. 그리고 이들을 이종異宗이라고 칭했다. 막부는 이들에게 에부미를 1년에 두 번씩 시행하게 하며 감시를 강화하는 선에서 사건을 마무리했다. 막부가 적발된 기리시탄들을 모두 처벌하기에는 무리가 따랐다. 그리고 약 170년 전에 있었던 시마바라·아마쿠사 농민봉기 사건의 악몽을 떠올렸는지도 모른다. 그때의 학습효과가 있었던 것은 분명하다. 이런 의미에서 당시 농민군을 하라성 싸움의 패배자로만 볼 수는 없다.

다시 세워진 사키쓰천주당

아마쿠사구즈레 이후 기리시탄 수가 적었던 다카하마 마을의 기리시탄 공동체는 소멸했다. 금교가 해제된 메이지시대에도 신자가 확

사키쓰(崎津) 마을 알부 신부 기념비

인되지 않았다. 나머지 세 마을에서는 막부의 관대한 처분으로 신앙을 이어갈 수 있었다.

1873년 금교가 해제되자 잠복 기리시탄들은 가톨릭교회에 복귀하기 시작했다. 그러나 일부는 불교나 신토로 전종하는 사례도 있었다. 이마토미 마을의 일부는 신토 신자가 됐다. 또 조상들에게 이어받은 신앙을 버리지 못해 잠복시대의 신앙을 그대로 유지하는 가쿠레 기리시탄이 된 사람들도 있었다.

1877년부터 아마쿠사에도 신부들이 찾아왔다. 1880년부터는 신부가 상주했다. 사키쓰, 오에, 이마토미 마을에는 가교회도 세워졌다. 사키쓰 마을의 촌장은 기리시탄이 아니었다. 그러나 촌장은 교회를 지을 땅과 자금을 기부하고 자신도 입교했다. 사키쓰 마을에는 1888년에 교회당이 완성됐다.

사키쓰 마을에서는 가톨릭교회로 복귀하는 기리시탄들이 많았다. 1927년 사키쓰교회에 부임한 프랑스인 알부 신부는 1934년 새 교회

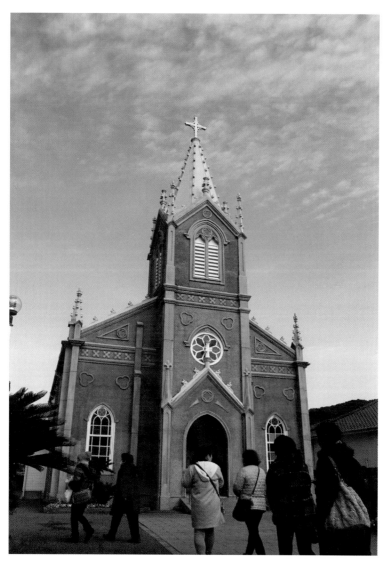

사키쓰(崎津) 천주당 정면

당을 지었다. 이 교회당 터가 금교기 에부미가 시행되던 곳이었다. 알
부 신부는 정확하게 후미에가 놓였던 자리에 제단이 위치하도록 설계

했다. 건물 전체를 철근콘크리트조로 설계했지만 자금난으로 전면만 철근콘크리트조로 하고 나머지 부분은 목조로 마무리했다. 고딕양식의 교회당 바닥에는 일본 전통의 다다미가 깔려있는 것이 특징이다. 고딕 건축물답게 리브 볼트 천정으로 마무리됐다. 지금도 미사가 드려지는 이 교회당에는 당시 연주했던 오르간도 한쪽에 자리 잡고 있다.

알부 신부는 사키쓰 마을을 떠나지 않았다. 태평양전쟁이 막바지로 치닫던 1945년 1월 이 마을에서 선종했다. 알부 신부의 묘도 이 마을에 있다.

사키쓰 마을은 전형적인 어촌이다. 마을의 가용면적도 넉넉하지 못하다. 좁은 터에 작은 집들이 밀집돼 있다. 유난히 좁은 골목길이 많은 것이 이 마을의 특징이다. 좁은 골목길을 '도야'라고 한다. 재미

사키쓰(崎津) 천주당 건립 당시에 연주하던 오르간. 천주당 내부 바닥에는 일본 전통의 다다미가 깔려있다.

있는 것은 이 도야들은 모두 포구로 통한다는 것이다. 어부들의 작업 터였던 바다로 나가기에 편리하도록 조성된 것이다. 그리고 좁은 터에서 작업공간을 확보하기 어려운 환경을 극복하기 위한 '가케'도 이 마을의 특징이다. 가케는 생선을 말리거나 어구를 손질하는 공간이다. 바닷가에 설치된 테라스 같은 가설 축조물을 '가케'라고 한다.

농사지을 땅이 없는 이 마을에서는 어업이 주업이었다. 증기기관선 등 대형선박이 없었던 시절에는 수산물의 유통도 원활하지 못했다. 궁벽한 어촌을 면할 수 없었다. 19세기 후반에서 20세기 초까지 일본의 가난한 집 처녀들이 동남아시아 등으로 진출해 성매매업에 종사하는 경우가 있었다. 이들을 '가라유키산唐行きさん'이라고 했다. '낭자군娘子軍'이라는 은어로도 불렸다. 가라유키산 가운데는 시마바라반도와 아마쿠사제도 출신이 많았다고 한다. 가라유키산들은 싱가포르, 홍콩, 필리핀, 보루네오, 태국, 인도네시아 등으로 진출했다. 일본이

사키쓰(崎津) 포구에서 사키쓰스와(崎津諏訪)신사에 이르는 길. 이 마을의 메인 스트리트

오에(大江)교회당

근대국가의 틀을 어느 정도 갖추게 된 1920년부터 일본 정부는 가라
유키산들을 본국으로 불러들였다. 일부는 현지에 잔류하기도 했다.
현지에 잔류한 가라유키산들은 태평양전쟁 때 동남아시아로 진출한
일본군의 통역 등으로 활약하기도 했다.

　일본으로서는 드러내고 싶지 않은 흑역사이다. 그러나 1974년 '산

다칸 8번 창관 망향(サンダカン 八番娼館 望郷)이라는 영화가 개봉되면서 일반에 널리 알려졌다. 산다칸은 영국령 보루네오의 수도였던 곳이다. 목재수출항으로 유명했다. 산다칸에는 일본인 묘지가 지금도 남아 있다. 이 영화는 여성사연구가이자 논픽션 작가인 야마자키 도모코山崎 朋子가 1972년 발표한 '산다칸 8번 창관-밑바닥 여성사 서장'(サンダカン 八番娼館- 底邊女性史序章)을 원작으로 했다. 야마자키는 여행 중에 사키쓰 마을에 살고 있는 어느 노파가 젊은 시절 가라유키산이었다는 사실을 알게 됐다. 야마자키는 그 노파의 집에서 묵으며 노파의 기구한 인생 이야기를 듣고 관련 연구를 시작하게 됐다. 영화는 사키쓰 마을에서도 촬영했다.

증기기관선이 출현하자 사키쓰 마을은 한때 번영기를 맞기도 했다. 목재와 해산물이 사키쓰 포구를 통해 대처로 나갔다. 나가사키와 가고시마를 왕복하는 여객선도 사키쓰 포구에 기항했다. 마을에는 상인과 선원들을 위한 료칸旅館이 생겨났다. 일본 기생인 게이샤藝者들도 이 작은 마을에 몰려들었다. 포구에서 사키쓰스와崎津諏訪신사에 이르는 길이 이 마을의 메인 스트리트이다. 이 마을에서는 그래도 가장 넓은 길이다. 사키쓰교회당도 이 길가에 있다. 이 길에서는 게이샤들이 연주하는 샤미센(三味線) 소리도 넘쳐났다. 샤미센은 일본의 전통 현악기이다. 알부 신부는 이러한 교회 주변의 세속적인 환경을 곤혹스러워했다.

사키쓰교회당에서 포구 쪽으로 조금 나오면 '미나토야みなと屋'라는 이름의 사키쓰자료관이 있다. 자료관은 이 마을의 역사와 독특한 그리스도교 신앙에 관해 소개하고 있다. 목조건물인 미나토야는 1936년 료칸으로 건립됐다. 사키쓰 마을 번영기의 료칸 내부구조를 살펴볼

오에(大江) 마을에 살고 있는 잠복 기리시탄의 후예 야마시타 히로시게(山下 大惠)씨 내외와 하마사키 겐사쿠(浜崎 献作) 선생이 대화를 나누고 있다(2019년 2월 촬영).

수도 있다.

사키쓰 마을은 풍경이 아름답기로 유명하다. 마을에서는 교회당이 가장 크고 높은 건물이다. 마을 건너편에서 보면 교회당이 병아리들을 몰고 다니는 암탉처럼 느껴진다. 마을 안에는 길이 좁아 일반 자동차가 진입할 수 없다. 동구 밖에 무료 주차장이 있다. 주차장 옆에는 사키쓰 마을 가이던스센터가 있다. 여기서 마을에 대한 각종 안내를 받을 수 있다. 이곳에서 교회당까지의 거리는 약 700m이다. 유료로 자전거를 빌릴 수도 있다.

사키쓰 마을 북서쪽에 오에大江 마을이 있다. 오에 마을에는 오에 교회당이 있고 이 지역 잠복 기리시탄 관련 유물과 자료들이 전시된 아마쿠사 로자리오관이 있다.

야마시타 히로시게(山下 大惠)씨의 집에 남아 있는 잠복 기리시탄 예배공간으로 올라가는 사다리

오에 마을에서 만난 잠복 기리시탄의 후예 야마시타山下 씨

오에 마을에는 잠복 기리시탄의 후예인 야마시타 히로시게山下 大惠 씨가 살고 있었다. 내가 2019년 2월 야마시타 씨를 만났을 때 그는 90세였다. 그가 살고있는 집은 1814년에 지은 목조건물이었다. 집의 규모가 예사롭지 않았다. 보통의 농가보다는 면적이 넓고 건축물구조가 탄탄했다. 이 집에는 잠복 기리시탄들이 사용했던 비밀 예배공간이 남아 있었다. 거실의 한쪽 벽면은 미닫이였다. 벽처럼 보이던 이 미닫이를 옆으로 밀자 사다리가 나타났다. 이 사다리를 딛고 올라가자 꽤 넓은 다락방으로 연결됐다. 잠복시대에는 이 다락방에서 많게는 스무 명 정도가 예배를 드렸다고 한다. 야마시타씨의 조상들이 잠복 기리시탄의 지도자였다고 한다. 집에 남아 있던 신심구 등은 모두

하마사키 겐사쿠(浜崎 献作) 선생이 운영했던 잠복 기리시탄 자료관 산타마리아관과 내부 전시물

로자리오관에 맡겼다고 했다.

　야마시타씨의 가족들도 메이지시대 한때 가톨릭교회에 복귀했다. 그러나 곧 불교로 전종했다고 한다.

　나를 야마시타 씨의 집으로 안내한 사람은 잠복 기리시탄 연구가인 하마사키 겐사쿠(浜崎 献作, 1944년생) 선생이었다. 아마쿠사 토박이이며 치과의사인 하마사키 선생은 2018년까지 일본 전국가쿠레기리시탄연구회 회장이었다. 선생은 선친 때부터 모은 잠복 기리시탄 관련유물과 자료들로 자료관인 산타마리아관을 운영하기도 했다. 산타마리아관은 운영난 끝에 문을 닫았다. 다행히 나는 2015년 여름 산타마리아관 전시물을 관람하고 가슴이 먹먹해질 정도로 감동한 적이 있다.

제5부

기도의 섬,
구로시마黑島

군항軍港 사세보佐世保

금교기에도 신앙을 유지했던 잠복 기리시탄들은 1873년 막부시대부터 이어져 오던 정부의 금교정책이 해제될 무렵, 선택의 기로에 놓였다. 일부는 가톨릭교회로 복귀했다. 일부는 가톨릭교회와 관계를 맺지 않고 선조들의 신앙 방식을 그대로 유지했다. 이들을 잠복 기리시탄과 구별해 가쿠레 기리시탄이라고 한다.

가쿠레 기리시탄 가운데 일부는 금교기와는 달리 불교의 사찰이나 신토의 신사와의 관계를 단절했다. 금교기에는 표면적으로 불교도 행세를 해야 했지만 금교가 해제된 이후에는 굳이 그럴 필요가 없어졌기 때문이다. 그러나 일부 가쿠레 기리시탄들은 예전과 같이 사찰과 신사에도 출입하는 행태를 보이고 있다.

지역에 따라서는 가톨릭교회로 복귀한 그룹과 가쿠레 기리시탄 그룹이 공존하는 경우도 있고, 지역의 잠복 기리시탄 전체가 가톨릭교회로 복귀했거나 반대로 전체가 가쿠레 기리시탄으로 잔류한 지역도 있다.

사세보(佐世保)항에 정박해 있는 군함들

구로시마黑島는 잠복 기리시탄 전체가 가톨릭교회로 복귀한 지역이다. 금교가 해제될 무렵 구로시마 주민의 8할이 잠복 기리시탄이었다. 지금은 인구가 줄긴 했지만 여전히 같은 비율의 주민이 가톨릭교회 신자이다.

구로시마는 나가사키長崎현 북부의 기타마쓰우라北松浦반도 남서쪽 바다에 있는 섬이다. 행정구역상으로는 나가사키현 사세보佐世保시에 속한다.

인구 25만 명 규모의 사세보시는 나가사키현에서 나가사키시 다음으로 규모가 큰 도시이다. 나가사키시 북쪽에 있다. 동중국해와 접하고 있는 사세보는 태평양전쟁 때까지 도쿄만東京灣의 요코스카橫須賀, 동해東海의 마이즈루舞鶴, 세토나이카이瀬戸內海의 구레吳와 함께 일본의 4대 해군기지였다. 지금도 해상자위대와 미국 해군 제7함대가 기지로 사용하고 있다. 해군기지가 있던 시절 군함을 건조하던 조선소들이 지금은 민간 선박을 건조하며 존속하고 있다.

▲구주쿠시마(九十九島)

◀해상자위대 함정 조리장이
감수했다는 카레

▼사세보 아이노우라항(相浦
港)과 구로시마(黑島)항을 연결
하는 페리

카레라이스가 일본 해군에서 발상했다는 설이 있다. 정확한 이야기인지는 알 수 없지만 일본 해군과 그 뒤를 이은 해상자위대에서 전통적으로 카레라이스를 즐겨 먹는 것은 사실이다. 해상자위대 함정 단위로 경쟁하는 카레라이스 품평대회도 수시로 열리고 있다고 한다. 사세보에서도 군항답게 해상자위대 함정 조리장이 감수한 카레가 상품화돼 판매되고 있는 것을 곳곳에서 볼 수 있다.

사세보의 관광지로는 사이카이西海국립공원으로 지정된 구주쿠시마九十九島와 일본 최대의 테마파크인 하우스텐보스가 유명하다. 구주쿠시마는 기타마쓰우라반도 서안의 리아스식 해안에 연결된 군도群島로 절경을 자랑한다. 섬이 많다는 의미로 구주쿠시마라는 이름이 붙여졌다. 실제는 200여 개의 섬이 있다고 한다. 하우스텐보스는 네덜란드 등 유럽의 거리를 재현한 테마파크이다.

구로시마는 사세보항 북쪽에 있는 아이노우라항相浦港에서 출발하는 페리여객선을 타고 50분 정도 가면 닿을 수 있다. 사세보역에서 아이노우라역까지는 열차로 약 30분 걸린다. 아이노우라역에서 항구까지는 5분 정도 걸어가면 된다. 여객선은 하루에 서너 차례 왕복한다. 운항 횟수와 시각은 계절에 따라 다르다. 구로시마여객선 운항시각은 미리 확인하는 것이 좋다.

구로시마黑島로 이주한 잠복 기리시탄

구로시마도 구주쿠시마의 한 섬이다. 그러나 구주쿠시마의 다른 섬들과는 거리가 많이 떨어져 있다. 섬에는 7개 마을이 있다. 약 240

▲사세보시청 구로시마
출장소

◀구로시마항 근처에 있
는 이정표

세대의 450명 정도가 살고 있다. 섬에는 초등학교와 중학교가 한 울타리 안에 있는 소중학교가 하나 있다. 전교생은 15명이다. 섬에 고등학교는 없다.

구로시마黑島 지명의 유래는 두 가지 설이 있다. 하나는 상록수림이 울창해 멀리서 보면 섬이 검게 보여 붙여졌다는 것이다. 또 하나는 기리시탄들이 많이 살았던 이 섬을 십자가를 뜻하는 포르투갈어 '크루스cruz'와 연관 지어 불렀다는 것이다. 그러나 일본에 그리스도교가 전래되기 훨씬 전인 12세기의 기록에도 '구로시마'라는 지명이 나오기 때문에 후자는 설득력이 없다. 비록 잘못된 지명유래설이지만 많은 사람들이 구로시마를 기리시탄의 섬으로 인식하고 있었기 때문에 그렇게 알려진 것으로 이해할 수 있다.

규슈九州 본도와 멀리 떨어져 있는 구로시마는 15세기 전반기까지 해적海賊들의 근거지였다. 여기서 해적이란 고려 말기와 조선 초기 한반도 해안지방에 자주 출몰해 약탈을 일삼던 왜구倭寇들을 포함하는 개념이다. 해적들은 15세기 히라도平戶의 마쓰라松浦 씨에 의해 평정됐다. 에도시대에는 1690년부터 1789년까지 약 100년간 구로시마가 히라도번의 방목장으로 활용됐다. 1789년 방목장이 폐쇄되자 농민들이 이 섬에 들어와 살 수 있게 됐다. 초기 이주민들은 대개 잠복 기리시탄들이었다. 불교도들도 소수 포함됐지만 섬주민의 8할 정도가 기리시탄이었다. 잠복 기리시탄들이 많았던 히라도平戶, 소토메外海, 고토五島 등지에서 이주한 주민들이 많았기 때문이다. 사청제도寺請制度에 따라 이 섬에도 사찰이 건립됐다. 섬의 기리시탄들도 이 사찰에 등록을 하고 관리를 받아야 했다. 기리시탄들은 본존불인 석가여래불 아래에 마리아관음상을 숨겨뒀다. 기리시탄들은 석가모니불에 절을

하면서도 마음으로는 성모마리아에게 기도를 올렸다. 1950년대 이 사찰을 개축할 때 실제로 마리아상이 발견되기도 했다.

구로시마 기리시탄들의 부활

1865년 3월에 있었던 '신도발견' 소식은 곧 구로시마黑島에도 전해졌다. 신도발견 2개월 후인 5월 20일 구로시마 잠복 기리시탄 조직의 지도자였던 데구치 기치다유出口 吉太夫와 그의 아들 오요시大吉 등 20명이 나가사키 오우라천주당에 가서 쁘띠장 신부를 만났다. 이들은 신부에게 구로시마에는 신자 600명이 있다고 알렸다.

구로시마의 기리시탄들은 이후로도 은밀하게 오우라천주당을 오가며 교리를 배웠다. 1869년에는 데구치 오요시出口 大吉 등 38명이 세례를 받기에 이르렀다.

잠복 기리시탄들이 가톨릭교회로부터 세례를 받았다는 것은 중요한 의미를 지닌다. 잠복 기리시탄들도 그들의 전통에 따라 유아기에 세례를 받았다. 그러나 가톨릭교회 사제들은 그들이 받았던 세례를 인정하지 않았다. 기톨릭교회에서 인정할 수 있는 방식의 세례가 아니었기 때문이었다. 이러한 가톨릭교회의 태도를 잠복 기리시탄들이 수용하기는 쉽지 않았다. 이는 조상들로부터 목숨을 걸고 이어온 그들의 신앙양식이 송두리째 부정되는 것이었기 때문이다. 가쿠레 기리시탄들이 가톨릭교회로 복귀하지 않은 중요한 원인이기도 했다. 그러나 구로시마의 잠복 기리시탄들은 가톨릭교회 사제들의 가르침을 그대로 따랐다. 잠복 기리시탄 조직 지도자들의 이러한 결단이 있었기 때문에 이 섬의 기리시탄 모두가 가톨릭교회로 복귀할 수 있었던 것이다.

구로시마관광협회 야마우치 가즈나리(山內 一成, 1955년생) 이사장은 이 섬의 기리시탄들이 전원 가톨릭교회로 복귀할 수 있었던 원인을 '분명한 내세관來世觀'이 있었기 때문이라고 설명했다. 그리스도교의 교리는 천국과 지옥이 있어 신자들은 사후에 천국에 갈 수 있다고 분명히 가르친다. 그러나 사제가 없는 상태에서 신앙을 유지해오던 잠복 기리시탄들 가운데는 점차 내세보다는 현세現世의 복락을 중요시하게 되면서 내세관이 희박해진 경우가 적지 않았다. 구로시마의 잠복 기리시탄들은 내세관이 분명했기 때문에 사후에 천국에 가서 조상들을 다시 만나야 했다. 사제들은 이들에게 세례를 받고 가톨릭교회 신자가 돼 조상들을 위한 기도를 열심히 하면 천국에서 조상들을 만날 수 있다고 가르쳤다. 야마우치 이사장은 "지금도 구로시마교회의 신자들은 매주 금요일 새벽 미사를 드리고 나서 조상들을 위한 기도를 습관적으로 하고 있다"며 "이때 금교시대에 할 수 없이 후미에踏繪를 밟아야만 했던 조상들을 용서해 달라는 기도도 드린다"고 말했다. 구로시마에서도 금교기에는 매년 성월 어김없이 에부미繪踏가 진행됐고 한다.

나는 2019년 4월 1일 구로시마 공민관을 찾아가 야마우치 이사장을 만났다. 안도 구니아키安東 邦昭 일본 가쿠레 기리시탄연구회 회장과 함께였다. 우리가 점심 무렵 공민관에 들어섰을 때 TV에서는 일본 내각이 결정한 새 원호元號를 발표하는 장면을 중계하고 있었다. 야마우치 이사장은 TV를 켜놓고 우리를 기다리고 있었다. 새 원호가 '레이와令和'로 결정됐다고 발표되는 순간 야마우치 이사장과 안도 회장은

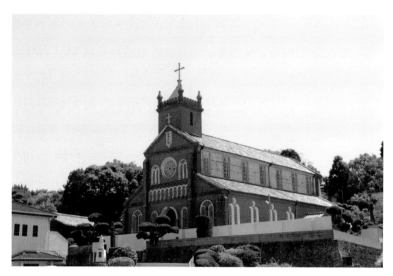

구로시마교회

약속이라도 한 듯이 대화를 멈추고 TV 화면으로 시선을 옮겼다. 원호로 시대를 구분하는 일본인들에게는 꽤 중요한 순간이었나 보다. 아무런 감흥도 느낄 수 없는 이방인인 나는 이런 모습을 신기하게 지켜볼 뿐이었다.

잠복 기리시탄들의 기록유산은 드물다. 항상 관원들의 감시를 피해야 하는 잠복 기리시탄의 특성상 기록물은 아예 존재하지 않았거나, 있었더라도 남겨지기는 어려웠다. 그런데 구로시마에서는 신기하게도 잠복 기리시탄 관련 기록물들이 존재했다. 그리고 후세에까지 전해졌다. 야마우치 이사장은 이 기록물들을 근거로 자신이 18대째 신자라고 밝혔다. 구로시마에서는 잠복 기리시탄 조직 구성원들의 신상정보가 상세히 기록된 마치 교적부敎籍簿 같은 문건이 유지됐다.

비영리활동법인인 구로시마관광협회는 주로 구로시마를 찾는 관광객이나 순례자를 위한 안내활동을 하고 있다. 1998년 구로시마교회가 문화재로 지정되면서 발족한 사적보호회가 자연스럽게 관광협회로 발전했다. 야마우치 이사장도 정확한 안내를 위해 관련 역사 등을 꾸준히 공부하고 있다고 했다.

구로시마 주민들은 반농반어半農半漁를 생업으로 하고 있다. 섬은 벼농사를 지을 환경은 되지 못한다. 농사는 고구마와 보리 재배가 주를 이룬다. 그런데 20여 년 전부터 멧돼지가 출몰해 농가에 피해를 주고 있다고 한다. 이 섬에는 원래 멧돼지가 없었는데 언젠가 멧돼지들이 바다를 헤엄쳐 건너왔다고 한다. 수확한 고구마와 보리로는 주로 소주를 만든다. 지하 102m에서 길어 올리는 구로시마의 천연수는 미네랄이 풍부해 천수天水라는 이름의 생수로도 판매된다. 구로시마 명산 소주도 천수로 빚는다.

구로시마교회 정면 아치

섬의 중심, 구로시마교회

구로시마는 동서 방향으로 길쭉한 섬이다. 페리여객선이 드나드는 항구는 섬의 북쪽에 있다. 도로는 해안을 따라 섬을 한 바퀴 도는 일주도로와 동서 방향과 남북 방향으로 난 길이 있다. 섬의 중심부에 열십자 모양의 교차로가 있다.

항구가 있는 곳에 구로시마 웰컴하우스가 있다. 섬의 관광정보를 제공하고 토산품을 판매한다. 섬에는 버스나 택시 같은 대중교통 수단이 없다. 웰컴하우스에서는 탐방객들을 위해 전동자전거를 유료로 빌려준다. 섬 구석구석을 돌아볼 수 있는 탐방코스는 거리가 10.4Km이다. 자전거를 이용하면 편리하다.

섬 중심의 교차로 부근에 사세보시청 구로시마지소와 공민관이 있다. 구로시마교회도 교차로 남쪽에 있다.

금교령 해제 이전인 1872년 오우라천주당의 포와리에 신부는 은밀하게 구로시마를 방문했다. 그리고 데구치 오요시(出口 大吉)의 집 등에서 미사를 드렸다. 이후 교회당이 지어질 때까지 데구치의 집은 임시교회당 역할을 했다. 그래서 데구치의 집터에는 신앙부활 기념비가 세워져 있다.

구로시마 최초의 교회는 1878년에 건립됐다. 1880년에는 이 섬에 수도원도 세워졌다. 지금의 교회는 1897년 마루만 신부가 부임하면서 건축계획이 추진됐다. 건축은 1900년 시작해 1902년 완공했다. 교회 정면 아치 위에는 '서기 1900년'이라고 새겨진 명판이 있다. 교회의 외벽은 서양식 붉은 벽돌을 쌓아 만들었고 지붕에는 일본식 기와를 얹었다. 벽돌은 섬에 가마를 축조해 구웠다. 부족분은 외부에서

구로시마 가톨릭공동묘지

구로시마항에 있는 구로시마 웰컴하우스

사들였다. 신자들이 모두 나와 해안에서 교회 건축 현장까지 벽돌을 날랐다. 교회의 기초석은 섬에서 채석한 화강암으로 조달했다. 품질이 우수한 구로시마의 화강암은 건축자재로 인기가 높아 한때는 채석업이 섬의 기간산업 역할도 했다. 건축비용은 신자들이 감당했지만 상당 부분은 마루만 신부가 프랑스에서 모금한 자금으로 충당했다. 1982년에 대수리를 했고 1991년에는 내부 다다미 바닥을 걷어내고 좌석을 의자식으로 바꿨다.

내가 2019년 4월 1일 구로시마교회에 갔을 때도 수리공사 중이어서 내부로는 들어갈 수가 없었다.

구로시마의 신자들은 교회를 중심으로 생활했다. 매일 새벽 5시 반과 정오, 오후 5시 반이면 울려 퍼지는 교회의 종소리에 신자들은 하던 일을 멈추고 기도를 드렸다. 안식일인 일요일에는 농사일이나 뱃일을 하지 않고 쉬었다. 하지만 일손이 달리는 요즘은 사정이 달라졌다. 야마우치 이사장에 따르면 요즘은 일요일에 쉴 수 있는 여유가 없어 안식일 개념은 희박해졌다.

1955년 2,400명에 달했던 섬의 인구는 현재 450명 정도로 줄었다. 그나마 거동이 불편한 고령자 비율이 높다. 토요일과 일요일에 교회에서 드려지는 미사에는 100여 명이 참석하고 있다.

교회 근처에는 가톨릭 공동묘지도 조성돼 있다. 마루만 신부도 이 공동묘지에 잠들어 있다.

제6부

가쿠레 기리시탄의 섬,
히라도지마平戸島

히라도항에 입항한 포르투갈 상선

히라도지마平戶島는 규슈九州 북서부에 있는 섬이다. 제주도와 위도가 비슷하고 경도는 한반도의 울산, 경주와 비슷하다. 북동에서 남서 방향으로 길쭉하게 생긴 지형이다. 섬의 북단에서 남단까지는 거리가 약 45Km로 자동차로는 한 시간 정도 걸린다. 섬의 북동쪽 규슈 본도와의 사이에 히라도세토平戶瀬戶가 있다. 일본에서는 규모가 작은 해협을 세토瀬戶라고 한다. 히라도세토를 가로지르는 다리가 히라도대교이다. 1977년 개통됐다. 섬의 북서쪽에는 이키쓰키시마生月島가 있다. 히라도지마와 이키쓰키시마 사이에는 1991년 개통된 이키쓰키대교가 있다. 행정구역인 히라도시平戶市는 히라도지마와 이키쓰키시마 그리고 규슈 본도의 다비라田平 지역 등을 포함한다. 히라도시의 인구는 약 3만 명으로 고령화와 인구감소가 진행되는 추세이다. 나가사키시에서는 북서쪽으로 약 80Km, 사세보시에서는 북서쪽으로 약 25Km 거리에 있다.

히라도의 중심시가지는 히라도지마의 북동쪽에 있는 히라도항平

다비라(田平)에서 본 히라도(平戸)항

戸港을 중심으로 형성돼 있다. 히라도항은 히라도대교가 개통되기 전까지만 해도 히라도지마의 현관구였다. 지금은 히라도지마와 인근의 작은 섬들을 연결하는 페리가 히라도항의 명맥을 간신히 잇고는 있지만 과거의 번성기와는 비교할 수 없다.

지금은 히라도항이 시골 작은 섬의 항구에 불과하지만 히라도항은 16세기 일본 최초로 유럽의 상선들이 드나들었던 국제무역항이었다.

히라도항은 고대부터 국제항이었다. 일본에 중앙집권적 고대국가 체제가 성립된 것은 7세기 무렵이었다. 이미 고대국가의 체계를 확립한 한반도의 고구려, 백제, 신라, 가야의 영향을 직간접적으로 받으면서 왕권을 강화하고 고대국가의 면모를 갖춰나간 것이다. 일본이 고대국가 체계를 이루자 수나라와 당나라에 사람을 보내 중국의 문물을 직접 받아들이게 된다. 이들을 견수사遣隋使, 견당사遣唐使라고 했다. 견수사와 견당사들은 초기에 한반도 연안을 거쳐 황해를 건너는 항로를 이용했다. 그러다가 항해술이 점차 발달하자 8세기부터는 동중국해를 횡단해 양쯔강 하구로 접근하는 항로를 개척했다. 한반도가 신라에 의해 통일되면서 백제와 밀접한 관계를 맺었던 일본과 신라의 관계가 악화된 것도 하나의 원인이었다.

아스카飛鳥시대 말기부터 일본에서 중국으로 떠나는 배는 지금의 오사카만大阪灣에 있었던 나니와쓰難波津에서 출발했다. 나니와쓰에서 간몬關門해협까지의 세토나이카이瀨戶內海는 물길이 평온하다. 세토나이카이는 혼슈本州와 시코쿠四國 사이의 바닷길이기 때문에 큰 파도가 적고 유사시에 뭍으로 탈출하기가 쉬워 안전한 항로였다. 일본사람들이 혼슈本州의 남단 시모노세키下關와 규슈九州의 북단 기타규슈北九州 사이의 해협을 간몬關門이라고 부르는 것은 이곳이 대륙으로 드나드는 관문이라고 여겼기 때문이다.

간몬해협에서 한반도 남해안까지의 대한해협은 만만치 않은 항로이지만 가운데 징검다리처럼 쓰시마對馬島가 있어 기항할 수 있었다. 한반도와 다도해의 섬들 사이로 난 뱃길인 한려수도도 안전을 담보할 수 있는 항로였다.

항해술이 어느 정도 발달하고 선박이 고급화되자 일본에서 중국으로 갈 때 동중국해를 가로지르는 대담한 항로가 선택됐다. 더 이상 한반도 연안을 지나는 항로는 택할 수 없었다. 위험이 따르기는 하나 당나라의 장안長安으로 가는 지름길이어서 경제적이기도 했다. 나니와쓰를 출발한 견당사선은 세토나이카이를 벗어나 하카타博多와 히라도平戶, 고토五島를 경유해 제주도 남쪽의 동중국해를 횡단했다. 규슈

17세기 히라도(平戶)항에 드나들었던 네덜란드 상선 모형

의 하카타와 양쯔강 하구의 닝보寧波를 잇는 항로는 시대가 변해도 민간교역 루트로 성황을 이뤘다.

히라도의 지배자는 마쓰라松浦 씨였다. 중앙의 귀족이었던 마쓰라 씨는 11세기 규슈의 마쓰우라松浦 지역에 거점을 잡았다.

같은 한자이지만 사람 이름일 때는 '마쓰라'로 읽고 땅 이름일 때는 '마쓰우라'로 읽는다. 일본에서 한자로 된 고유명사는 일본인들조차 읽기가 어렵다고 한다. 한자를 읽는 방법이 워낙 다양하기 때문에 생소한 고유명사는 잘못 읽는 수가 종종 있다고 한다. 일정한 법칙이라도 있으면 좋겠지만 그렇지도 않다. 일본인들에게도 어려운 고유명사 한자 읽기는 외국인들에게는 끝이 보이지 않는 숙제임에 틀림없다. 철도 역명이나 도로 이정표의 지명은 한자와 로마자가 함께 표기돼 있다. 나는 일본을 여행할 때 습관처럼 한자와 로마자가 병기된 지명을 부지런히 읽어 본다. 한자 읽기를 익히려는 발버둥질이지만 아직도 끝은 보이지

히라도(平戸) 거리에 있는 프란치스코 하비에르 신부 동상

않는다. 어떤 때는 처음 보는 한자도 있어 첩첩산중이다.

마쓰라 씨 가문의 자손들 가운데 히라도의 마쓰라 씨가 점차 두각을 나타내며 마침내 마쓰우라 지역에서 가장 강력한 세력으로 성장했다. 16세기 중반에는 마쓰라 씨의 세력권이 히라도지마 밖의 사세보 주변까지도 확장됐다. 히라도의 마쓰라 씨가 세력을 키울 수 있었던 것은 히라도항을 중심으로 꾸준히 해상무역을 전개할 수 있었기 때문이었다.

히라도의 16세기 해상무역에 지대한 힘을 보탠 인물은 중국인 왕직王直이었다. 왕직은 동남아시아와 일본을 무대로 활동하던 밀무역자였다. 왕직을 밀무역자라고 하는 것은 명나라가 외국과의 무역을 금지하는 해금海禁정책을 폈기 때문이다. 그러나 왕직은 밀무역자라기보다 후기 왜구倭寇의 두목 성격이 강했다.

왜구는 전기 왜구와 후기 왜구로 구분할 수 있다. 14세기 한반도와 중국 연안을 무대로 약탈을 일삼았던 왜구들을 전기 왜구라 한다. 세토나이카이와 북규슈 일대가 본거지였다. 후기 왜구는 명나라의 해금정책을 피해 동남아시아 지역으로 이주해 활동한 중국인들과 일부 규슈 지역 출신 일본인들로 구성된 해적집단이다. 히라도의 마쓰라씨는 왜구 두목 왕직과 손잡고 밀무역을 확대하며 부를 축적했다. 당시 일본은 강력한 중앙권력이 없던 센코쿠戰國시대였기 때문에 히라도항의 밀무역이 가능했다.

이런 히라도항에 1550년 포르투갈 상선이 입항했다. 일본에 들어온 최초의 유럽 선박이었다. 포르투갈 상선을 히라도항으로 안내한 인물이 바로 왕직이었다. 이미 무역업에 익숙했던 히라도의 마쓰라씨는 포르투갈 상선의 히라도항 입항을 환영했다. 포르투갈 상선과의 무역에서 막대한 이익을 가져올 수 있었기 때문이었다. 포르투갈 상선이 들어오면 일본 전역의 상인들이 히라도항으로 몰려들었다. 일본에서는 서양과의 무역을 남만무역南蠻貿易이라고 했다. 히라도에서는 포르투갈 상선과 함께 그리스도교 선교사들의 입항과 선교활동도 환영했다.

히라도 남만무역의 일익을 담당했던 왕직은 결국 명나라의 모략에 말려 목숨을 잃었다. 그러나 왕직의 후계자들에 의해 히라도의 밀무역과 남만무역은 계속 유지됐다. 왕직의 후예 중 정성공鄭成功이라는 인물은 명조 멸망 후 한때 타이완의 통치자로 군림하기도 했다.

히라도의 남만무역과 그리스도교의 전래

일본에 처음 복음을 전한 사제는 프란치스코 하비에르 신부였다. 예수회 창시자 가운데 한 사람인 하비에르는 인도의 고아를 거점으로 아시아 지역 선교를 펼치고 있었다.

고아는 인도의 서부 해안에 있는 도시이다. 1510년 포르투갈 세력에 점령당한 이래 포르투갈의 동양 진출을 위한 교두보 역할을 하고 있었다. 포르투갈의 리스본항을 떠난 상선들은 아프리카 대륙 남단의 희망봉을 돌아 고아에 도착했다. 상선들은 고아에서 다시 동쪽으로 항해해 말라카를 거쳐 중국과 일본으로 향했다. 1553년부터는 마카오를 거점으로 활용하기 시작했다.

하비에르는 포르투갈이 마카오를 거점으로 확보하기 전인 1549년 일본 규슈 남단 가고시마鹿兒島로 상륙했다. 하비에르가 가고시마로 상륙한 것은 고아에서 가고시마 출신 일본인을 알게 돼 그 일본인의 안내를 받았기 때문이다. 당시 가고시마 지역의 영주였던 시마쓰島津 씨도 가고시마를 찾아온 생경한 외국인 사제에게 포교를 금지하지는 않았다. 하비에르는 가고시마에서 1년 동안 약 100명의 신자를 얻을 수 있었다. 그러나 시마쓰 씨는 점차 신생 이교도들에게 호의적이지 않은 태도를 보였다. 하비에르는 상륙 이듬해인 1550년 선교 거점을 포르투갈 상선이 드나드는 히라도로 옮겼다. 히라도의 영주 마쓰라 다카노부松浦 隆信도 하비에르 일행을 환영했다. 마쓰라 씨는 포르투갈과의 무역을 통해 막대한 이익을 기대했기 때문에 포르투갈 상인들이 존경하는 사제들에게도 우호적인 태도를 보였던 것이다. 마쓰라 씨는 하비에르의 선교활동을 비호하고 최대의 편의를 제공하기까지

했다.

히라도에서 굳건한 일본 선교 거점을 마련한 하비에르는 교토京都로 향했다. 하비에르는 일본의 국왕인 덴노를 만나 전국적인 선교를 허락받으려고 했다. 그러나 당시는 일본에 중앙권력이 붕괴돼 있던 시기였다. 전국적으로 영주들이 군웅할거하며 약육강식의 무한경쟁을 벌이던 센고쿠戰國시대였다. 덴노의 권위는 추락돼 있었고 권한 또한 있을 수 없었다. 그만큼 하비에르는 일본의 정세에 어두웠다. 선교 의욕은 앞섰지만 효율적인 선교를 위한 전략을 마련할 정보는 빈약했던 것이다. 교토까지 가서 이러한 사정을 알게 된 하비에르는 덴노와의 면회를 단념하고 히라도로 돌아왔다.

그러나 야마구치山口의 오우치 요시타카大內 義隆와 훈고(豊後, 지금의 오이타 지역)의 오토모 소린大友 宗麟 등 영주들이 하비에르를 자신의 영지로 초대해 선교를 허락하면서 하비에르는 선교 영역을 넓힐 수

네덜란드 상관 석조창고 외벽에 표기된 서력기원 연호

히라도(平戸)항에 있는 네덜란드 상관

네덜란드 상관 앞에 남아 있는 부두

있었다.

　이렇게 일본 선교의 물꼬를 튼 하비에르는 1551년 인도 고아로 돌아가 중국 선교를 도모하다 1552년 병사했다.

　하비에르가 떠난 일본에서는 토를레스 신부를 중심으로 선교가 진행됐다. 선교의 중심지는 히라도와 오이타大分였다. 히라도에서는 신자가 곧 수천 명으로 늘어났다. 그러나 마쓰라 씨와 예수회의 밀월 관계는 오래 갈 수 없었다. 히라도의 불교와 신토 세력이 반발했기 때문이다. 급기야 1558년 예수회 신부들은 히라도에서 추방됐다. 예수회는 사세보佐世保 인근의 요코세우라橫瀬浦로 거점을 옮겨야 했다. 요코세우라항이 있는 오무라(大村) 지역의 영주였던 오무라 스미타다大村純忠가 신부들을 대환영했기 때문이다. 스미타다는 1563년 요코세우라에서 토를레스 신부에게 세례를 받고 일본 최초의 기리시탄 다이묘가 되기까지 이르렀다.

히라도의 네덜란드 상관商館과 영국 상관商館

　포르투갈 상인들과 선교사들이 물러간 히라도에는 네덜란드와 영국 상인들이 자리를 잡았다.

　스페인의 식민지였던 네덜란드는 1568년부터 독립전쟁을 벌였다. 이 전쟁에서 영국이 네덜란드를 지원하며 1588년 스페인의 무적함대를 격파하게 됐다. 스페인과 포르투갈이 장악했던 바다의 패권도 무너졌다. 영국과 네덜란드도 각각 동인도회사를 설립하고 아시아와의 무역에 나서게 됐다. 공교롭게도 스페인과 포르투갈은 가톨릭교회

네덜란드 상관 내부에서 중세 네덜란드 복장으로 안내를 하며 기념품을 판매하고 있는 직원

국가였고 영국과 네덜란드는 종교개혁을 이룬 프로테스탄트 교회 국가였다.

　도쿠가와 이에야스는 1600년 네덜란드 배를 타고 오이타大分에 도착한 영국인 윌리엄 애덤스를 외교고문으로 삼아 세계 정세를 배우게 됐다. 이에야스는 윌리엄과의 교제를 통해 프로테스탄트 교회 국가는 선교와 무역을 병행하지 않는다는 것을 알게 됐다. 이는 이에야스가 포르투갈 상인과 선교사들에 대한 인식을 새롭게 하는 계기가 됐다. 이에야스는 윌리엄에게 미우라 안진三浦 按針이라는 일본식 이름을 하사했다.

　막부는 1609년 네덜란드 상선이 히라도항에 드나드는 것을 허락했다. 포르투갈 상인들이 이미 요코세우라를 거쳐 나가사키로 거점을 옮긴 상황이었다. 네덜란드 상인들은 막부의 주인장朱印狀을 받아 1612년 히라도에 상관商館을 개설했다. 일본에서는 네덜란드를 '오란다'라고 부른다. 네덜란드의 한 지방이었던 홀랜드에서 유래한 명칭이다. 일본에서 '오란다'는 기본적으로 네덜란드를 일컫지만 유럽인 모두를 '오란다진人'이라고 부르던 시기도 있었다.

오란다 상관은 히라도항 북부에 자리를 잡았다. 물동량이 많아지자 1639년 대규모 석조창고도 축조했다. 그러나 막부는 석조창고 외벽에 표기된 서력기원 연호를 빌미로 상관 폐쇄를 명했다. 히라도의 오란다 상관은 포르투갈 상인들이 물러간 나가사키의 데지마出島로 옮기게 됐다. 지금도 배를 접안했던 부두埠頭와 우물 등이 남아 있다.

오란다 상관은 최근의 발굴조사결과를 토대로 2011년 복원돼 자료전시관으로 활용되고 있다. 귀중한 그림 자료와 항해용구 등이 전시돼 있다. 전시관에는 중세 네덜란드 복장을 한 직원이 안내를 하며 기념품을 판매하고 있었다.

영국 상선도 1613년부터 히라도항에 입항했다. 영국 동인도회사도 히라도에 상관을 개설했다. 영국 상인들도 무역을 활발히 벌였지만 네덜란드 상인들과의 마찰 끝에 1623년 상관을 폐쇄하고 말았다.

지금의 히라도 시가지는 한적한 시골 항구에 지나지 않다. 그러나 위풍당당한 히라도성과 함께 마쓰라사료박물관, 오란다 상관 터 등이 히라도의 옛 영화를 보여주고 있다. 히라도대교가 개통하기 전에는 드나드는 연락선 승객들로 붐볐을 히라도항의 상가들은 이미 활기를 잃었다. 일부 점포는 주차장으로 활용되고 있었다. 일본에서는 차량을 등록하려면 반드시 차량을 사용하는 본거지에서 직선거리로 2km 이내에 자동차 보관장소를 확보해야 한다. 자동차 보관장소를 확보했음을 증명하는 서류를 차고증명車庫證明이라고 한다. 상가 건물주들이 점포를 차고증명용 주차장으로 활용하고 있다는 것은 상권이 쇠퇴했

▲◀네덜란드 상관 뒤편 사키가타(崎方)공원에 있는 프란치스코 하비에르 기념비
▲▶네덜란드 상관 뒤편 사키가타(崎方)공원에 있는 미우라 안진(三浦 按針)의 묘
▼◀차고로 쓰이고 있는 히라도 중심가의 점포
▼▶네덜란드 상인들이 사용하던 우물

음을 단적으로 보여주는 것이다.

오란다 상관 뒤편에 있는 사키가타崎方공원에는 프란치스코 하비
에르 기념비와 미우라 안진三浦 按針의 묘가 있다.

박해기의 히라도 잠복 기리시탄들

순조롭게 진행되던 일본의 그리스도교 선교에도 점차 어두운 그림자가 드리워지고 있었다. 선교사들과 친밀한 관계를 유지했던 오다 노부나가織田 信長와 달리 그 뒤를 이은 도요토미 히데요시豊臣 秀吉와 도쿠가와 이에야스德川 家康는 그리스도교를 견제하기 시작했다. 히데요시는 1587년 선교사추방령을 내린 데 이어 1597년에는 교토에서 선교활동 중이던 프란치스코회 신부 등 26명을 나가사키長崎 니시자카西坂 언덕에서 처형했다. 이에야스는 급기야 1614년 전국에 금교령을 선포했다.

히라도에서는 1622년부터 순교자들이 나오기 시작했다. 금교령으로 마카오에 추방됐던 카미로 신부는 1622년 일본으로 잠입하다 체포돼 다비라田平에서 처형됐다. 카미로 신부의 활동을 지원하던 조앙 사카모토와 그의 가족들도 나카에노시마中江ノ島에서 차례로 순교했다. 나카에노시마는 히라도지마와 이키쓰키시마 사이의 바다에 있는 무인도이다.

히라도번平戸藩은 1645년부터 기리시탄을 색출하기 위한 에부미繪踏를 시행하게 됐다. 점차 히라도의 기리시탄들은 잠복의 길로 들어섰다. 잠복 기리시탄들은 사청제도寺請制度에 따라 반드시 불교 사찰에 등록이 돼야 했다. 이들은 표면적으로 불교 신자들이 해야 할 일을 다했다. 그러나 그리스도교 신앙을 은밀히 지켜나갔다. 히라도에서는 이키쓰키시마生月島와 히라도지마平戸島의 서안에 있는 가스가春日, 시시獅子, 네시코根獅子 등지에 잠복 기리시탄 조직이 집중적으로 분포돼 있었다. 이 조직들은 금교 전 교회의 신심회콘프라리아에 뿌리를 두고 있다.

1865년 나가사키 오우라천주당에서 발생한 신도발견 이후에도 히라도平戸 지역의 잠복 기리시탄들은 가톨릭교회에 돌아가지 않고

히라도 기리시탄자료관에 전시된 '오후쿠로사마'

가쿠레 기리시탄의 길을 가게 된 경우가 많다. 7대가 지나면 신부가 흑선을 타고 돌아온다는 바스창 예언이 존재했던 소토메外海 지역과 달리 히라도의 잠복 기리시탄들은 금교기에 토착화가 진행되면서 조상숭배의 성격을 강하게 띠고 있었기 때문이었다.

가스가春日 마을의 다랭이논과 기리시단들

히라도지마平戶島 북서부에는 이 섬 최고봉인 야스만다케(安滿岳, 534m)가 있다. 야스만다케의 서쪽 해안에 가스가春日 마을이 있다.

야스만다케는 물이 풍부한 산이다. 야스만다케에서 흘러나오는 물줄기가 가스가가와春日川이다. 가스가가와의 풍족한 수량은 야스만다케 서쪽 비탈을 촉촉이 적시며 다랭이논으로 만들었다. 가스가 마을 사람들은 해발 150m 정도의 높이에서부터 다랭이논을 일궈 삶의 터전으로 삼았다. 일본에서는 다랭이논을 다나다棚田라고 한다.

가스가 마을 사람들은 그리스도교 전래기인 1558년 집단 세례를 받고 기리시탄이 됐다. 금교기에도 잠복 기리시탄으로 신앙을 지켜갔다. 금교령이 해제된 근대 이후에도 이 마을 사람들은 가톨릭교회에 입교하지 않고 가쿠레 기리시탄의 삶을 이어갔다.

가스가 지역의 가쿠레 기리시탄 조직도 일본 사회가 현대화되면서 소멸했다. 태평양전쟁에서 패배하며 막대한 피해를 입었던 일본은 비교적 빠른 속도로 전후복구를 끝냈다. 1960년대에는 경제적으로 고도성장기에 접어들었다. 도시화도 함께 진행되면서 도시는 농촌의 젊은이들을 불러들였다. 젊은이들이 빠져나간 농촌은 점차 활기를 잃었다. 인구도 줄어들었다. 거기다 인구의 고령화마저 진행됐다. 가쿠레 기리시탄 조직도 이런 상황에서 점차 해체될 수밖에 없었다. 조직을 이끌어갈 지도자의 계승이 어려워졌고 마을 공동체의 생활양식이 가족중심으로 변화한 것이 핵심적인 원인이었다. 가스가 지역의 가쿠레 기리시탄 조직은 1970년대부터 해체되기 시작했다. 마지막으로 남아있던 조직은 1997년 행사를 마무리하고 해체됐다고 한다.

나는 2019년 3월 가스가 마을에서 남쪽으로 약 5km 떨어진 네시코根獅子 마을에 있는 히라도기리시탄자료관에서 가쿠레 기리시탄 집안 출신이라는 60대 여성을 우연히 만날 수 있었다. 이 여성은 자료관 근처 마을에 살고 있었다. 자료관에 용무가 있어 왔다가 마침 관람 중이던 나와 만나게 된 것이다. 그런데 그는 자신의 집안사람들이 가쿠레 기리시탄이었다는 사실을 알게 된 것은 조직이 해체되고도 한참이나 지난 뒤였다고 말했다. 그 전까지는 자신이 불교도인 줄 알았다는 것이다. 이곳의 기리시탄들은 잠복 시기에 맺었던 불교와의 관계를

가스가(春日) 마을 입구에 있는 가타리나

금교령이 해제된 이후에도 지속적으로 유지했던 것이다. 그는 친정아버지와 집안의 장남인 큰오빠가 중심이 돼 이어왔던 기리시탄 신앙 행태도 보통의 불교도 누구나 하고 있는 것으로 알았다고 했다. 그의 집안에 남아 있던 가쿠레 기리시탄 관련 용품들은 모두 이 기리시탄 자료관에 기증됐다. 그는 가쿠레 기리시탄에 대한 연원을 상세하게 알게 된 이후에나 자신의 집안이 기리시탄 신앙을 이어오고 있었다는 것을 깨닫게 됐다고 했다.

이 자료관이 있는 곳 주변은 금교기 기리시탄들의 순교가 이어지던 곳이다. 아름다운 해변이 순교자들의 피로 물들었다고 한다.

히라도지마平戶島 서안과 이키쓰키시마生月島에 있던 기리시탄 사회에서 보이는 특징 가운데 '오후쿠로사마'가 있다. 소토메外海나 아마쿠사天草 지역 기리시탄들에게서는 보이지 않는 것이다. '오후쿠로사마'는 16개의 납작한 나무조각으로 이루어져 있다. 예수와 마리아의

▲가스가(春日) 마을의 다랭이논 풍경
▼가스가(春日) 마을 입구에 있는 세계유산 등록 **기념물**

생애 주요 장면 등이 표기돼 있다. 이 지역 기리시탄들은 '오후쿠로사마'로 운세를 점치기도 했다. 긴 잠복기를 지나면서 형성된 신앙양태이다.

가스가 마을 입구에는 이 마을을 안내하는 거점시설인 '가타리나'

가 있다. '가타리나'는 전시동과 교류동으로 꾸며져 있다. 전시동에서는 이 지역 기리시탄 관련 유물과 자료 등을 전시하고 있다. 다랭이논에 관한 자료들도 준비돼 있다. 간단하게 이 지역 특산물을 판매하는 코너도 있다. 다랭이논에서 생산된 쌀도 소포장으로 판매하고 있었다. 교류동에서는 이 마을 주민들이 교대로 나와 방문객을 맞고 있다. 이 마을 할머니들이 방문객들에게 차를 대접하며 마을에 관한 얘기를 들려주는 곳이다.

'가타리나'에서 제공하는 이 마을 산책로 지도를 보며 마을 곳곳에 펼쳐진 다랭이논의 빼어난 풍광을 감상하는 것이 이 마을 답사의 가장 큰 매력이다.

성산聖山 야스만다케安滿岳와 성도聖島
나카에노시마中江ノ島

히라도지마平戶島 최고봉인 야스만다케安滿岳는 고대로부터 산악신앙의 대상지였다. 야스만나케 비탈에 나랭이논을 일궈 삶의 터선을 삼았던 이 지역 주민들에게는 자연스러운 현상이었다. 산 정상부에 신사가 건축돼 있고 신사에 이르는 길은 참도參道로 정비돼 있다. 신사에서 멀지 않은 곳에는 불교 사찰 터도 남아 있다. 모두 고대로부터 있었던 곳이다.

히라도에 그리스도교 포교가 시작되자 이에 반발했던 불교와 신토 세력의 본거지가 바로 야스만다케였다.

에도막부에서 1614년 전국적으로 금교령을 내린 이후에도 이키

히라도지마(平戸島) 최고봉인 야스만다케(安満岳) 정상으로 가는 참도(參島)

쓰키시마와 히라도지마의 기리시탄들은 불교도로 가장해 그리스도교 신앙을 유지했다. 잠복 기리시탄들의 신앙은 오랜 잠복기를 지나면서 일본의 토착 종교와 습합되는 양상도 보였다. 그런 과정을 거치면서 이 지역 기리시탄들도 고대로부터 신앙의 대상이었던 야스만다케를 성지로 여기게 됐다. 이키쓰키시마 사람들은 배를 타고 건너와 가스가 마을에서부터 걸어서 정상부에 있는 신사까지 올라가 참배하곤 했다.

지금은 야스만다케 정상부에 가려면 차도가 미치는 곳의 주차장에서부터 30분 정도 오르막길을 걸어야 한다. 신사가 있는 정상부에서는 이키쓰키시마와 나카에노시마가 한눈에 들어온다.

이곳을 찾아오는 외지인은 없었다. 그러나 2018년 이곳이 유네스코 세계유산으로 지정되자 탐방객들이 찾아오기 시작했다. 접근성을 높이기 위해 터널 건설공사도 진행되고 있었다.

히라도의 기리시탄들이 순교한 나카에노시마(中江 / 島).

야스만다케가 성산聖山이라면 나카에노시마는 성도聖島다. 나카에
노시마는 길이가 약 400m, 폭이 약 50m 정도 되는 작은 섬이다. 사람
은 살고 있지 않다. 금교기 초기에 많은 기리시탄들이 이 섬에서 처형
됐다. 그래서 이키쓰키시마와 히라도지마 서안의 기리시탄들은 이 섬
을 성지聖地로 여겼다.

이 지역 삼목 기리시탄늘은 세례를 줄 때 사용하는 성수(聖水)를
이 섬에서 채취했다. 샘이 없는 이 섬에서 채취할 수 있는 물은 바위틈
에서 흘러나오는 석간수石間水뿐이다. 기리시탄들은 배를 타고 이 섬
에 들어올 때부터 그들의 기도문인 오라쇼를 낭송했다. 성수병이 채
워지기를 기다리면서도 오라쇼는 계속됐다.

이키쓰키시마나 히라도지마의 가쿠레 기리시탄 조직은 현재 모두
소멸된 것으로 알려져 있다. 최후의 조직은 10여 년 전까지만 해도
존재했다. 조직은 소멸됐지만 개인적으로 기리시탄 신앙을 지켜가는

사람은 아직 드물게나마 남아 있다. 이들은 지금도 성수를 채취할 때는 나카에노시마로 건너간다고 한다.

소토메外海 지역 등의 가쿠레 기리시탄들은 성수를 세례를 줄 때만 사용한다. 그러나 이 지역의 기리시탄들은 세례는 물론 집안에 악령의 침입을 방지할 때나 새로 건조한 배에 혼을 불어넣을 때도 성수를 사용한다.

이키쓰키시마에서는 어디서나 나카에노시마가 잘 보인다. 이키쓰키시마의 기리시탄들은 나카에노시마를 바라보며 기도를 올리는 것이 일상화되기도 했다.

이 지역 기리시탄들은 악령을 쫓아낼 때 오텐펜샤를 사용했다. 오텐펜샤는 작은 채찍처럼 생긴 것으로 지금은 이 지역 기리시탄 자료관 등에서 볼 수 있다.

히라도 지역 기리시탄들이 악령을 쫓아낼 때 사용한 오텐펜샤

이키쓰키시마生月島의 기리시탄들

히라도지마平戸島와 이키쓰키시마生月島는 이키쓰키대교로 연결돼 있다. 육로로 이키쓰키시마로 가려면 반드시 히라도지마를 거쳐야 된다. 이키쓰키시마는 히라도지마 북서쪽에 남북으로 길쭉하게 자리 잡고 있다. 남북방향 길이는 10km 정도이다. 섬의 인구는 약 6,000명이다.

이키쓰키시마로 들어서자마자 서쪽으로 방향을 틀면 곧바로 이 섬의 역사와 문화를 알려 주는 '시마노야카타島の館'라는 이름의 박물관이 나온다.

박물관 앞마당에는 고래 꼬리 모양의 조형물이 설치돼 있다. 이 섬이 에도시대 고래잡이로 번성했던 곳이었음을 말해주는 것이다.

박물관은 1층과 2층에 각각의 전시장이 꾸며져 있다. 1층 전시장은 고래잡이, 1층은 기리시탄이 주제이다. 그러나 이 섬에서 성행했던 포경업이 잠복 기리시탄들의 삶과도 무관하지 않았다. 이 섬에 살

히라도지마(平戸島) 최고봉인 야스만다케(安満岳) 정상에서 본 이키쓰키시마(生月島)

앞던 많은 잠복 기리시탄들이 포경업에 종사했기 때문이다.

　이 섬에서는 17세기부터 포경업이 시작됐다. 처음에는 여러 척의 작은 배들이 발견된 고래에 다가가 창을 던지는 방식으로 고래를 잡았다.

　본격적인 대규모 포경업은 18세기에 이루어졌다. 이때부터는 그물로 고래를 포획하는 방식을 사용했다. 당시 고래잡이는 부가가치가 높은 산업이었다. 고래고기도 훌륭한 식량자원이었지만 석유가 없던 시절에는 고래기름도 활용도가 높았다. 이 섬 주민들은 포경업이 호황을 이루면서 풍요를 누릴 수 있었다. 20세기 초에는 총을 쏴 고래를 잡기도 했다.

　이 섬의 포경업도 19세기 말에는 고래 개체수가 급감하면서 시들해졌다. 그리고 19세기 말에는 대포를 쏴 고래를 잡는 노르웨이

이키쓰키시마(生月島) 역사문화 박물관인 시마노야카타(島の館)에 전시된 잠복 기리시탄 신심구들

식 포경법이 보편화되면서 다른 지역에 포경업 전진기지가 구축되기도 했다.

이 섬의 잠복 기리시탄들 가운데는 고래잡이의 고급 기술자들이 많았다. 이들은 포경업에서는 없어서 안 될 핵심 기술자들이었기 때문에 히라도번의 비호 아래 신앙생활이 어느 정도 묵인되기도 했다. 포경업은 히라도번의 주요 기간산업이었다.

이 섬에서 고래잡이는 20세기 전반기에 자취를 감췄다. 그러나 고래고기를 먹는 문화는 아직도 이 섬에 뿌리 깊게 남아 있다. 결혼식 등 큰 잔치에는 고래고기가 빠질 수 없다. 고래고기 조리법도 발달해 다양한 요리가 있다. 지금도 이 섬의 마트에서는 다양하게 정육된 고래고기를 살 수 있다.

2019년 3월 내가 이 섬을 답사할 때 묵었던 료칸旅館에서 차려준

이키쓰키시마(生月島) 역사문화 박물관인 시마노야카타(島の館). 박물관 앞마당에 고래 조형물

이키쓰키시마(生月島) 역사문화 박물관인 시마노야카타(島の館)에 전시된 에도시대 고래잡이 장면 그림

저녁 밥상에도 고래 꼬리 부분인 '오바이케'로 조리한 반찬 한 접시가 보였다. '오바이케'는 국제포경위원회IWC에 의해 1986년 포경업이 금지되기 전까지 한반도 최대의 포경전진기지였던 울산 장생포에서 '오베기'라고 부른다.

이 섬의 중심부 나카에노시마가 한눈에 보이는 언덕에는 가스팔사마ガスパル様라는 순교지가 있다. '십자가 언덕'이라고도 불리는 이곳은 이 섬의 첫 순교자인 가스팔니시ガスパル西가 순교한 곳이다. 가스팔니시는 1556년 이 섬에서 태어났다. 두 살 때 세례를 받았다. 성장해서는 이 섬의 기리시탄 지도자가 됐다. 1609년 가족 모두가 체포돼 이곳에서 처형됐다. 가톨릭교회는 1993년 이곳에 커다란 십자가를 세워 공원으로 조성했다.

박물관 시마노야카타島の館에서는 구전된 기리시탄들의 기도문인

가쿠레 기리시탄의 후예 다니모토 마쓰수구(谷本 稚嗣) 씨

오라쇼를 수집하고 보존하는 활동을 진행하고 있다. 이 섬에는 지금
도 오라쇼를 암송할 수 있는 가쿠레 기리시탄들이 드물게 남아 있다.
이들이 가끔 박물관에서 오라쇼 암송 시범을 보여주기도 한다.

2019년 3월 나는 이 섬에서 6대째 기리시탄이라는 다니모토 마쓰
수구谷本 稚嗣 씨를 만날 수 있었다. 62세인 다니모토 씨가 소속됐던 가
쿠레 기리시탄 조직은 10여 년 전에 해체됐다. 하지만 그는 개인적으
로 기리시탄 신앙을 이어가고 있다고 했다. 그는 이 섬에는 아직 오라
쇼를 암송할 수 있는 사람이 20여 명은 남아 있다고 했다.

히라도의 잠복 기리시탄은 크게 두 부류로 분류된다. 이키쓰키시
마와 히라도지마 서안西岸의 잠복 기리시탄들은 그리스도교 전래기에
세례를 받았던 기리시탄들의 후예이다. 토착파 기리시탄인 셈이다.
반면에 히라도지마 동안東岸의 잠복 기리시탄들은 소토메에서 직접
이주했거나 고토를 거쳐 이주한 이주파들이었다. 이들은 전설적인 일

히라도지마(平戶島)와 이키쓰키시마(生月島)를 연결하는 이키쓰키대교

본인 전도사 바스창이 남긴 예언을 믿고 있었기 때문에 금교령 해제 이후에 가톨릭교회로 복귀하는 데 어려움이 없었다. 그러나 토착파 잠복 기리시탄들은 가톨릭교회와는 무관하게 선조들의 신앙양태를 그대로 이어 가쿠레 기리시탄의 삶을 살게 됐다.

주민 대부분이 가쿠레 기리시탄이었던 이키쓰키시마에서는 1990 년경 6개 지구에 약 20개 가쿠레 기리시탄 조직이 있는 것으로 조사됐다. 세대수로는 약 300세대였다. 그러던 것이 2010년에 이르러서는 겨우 2~3개 조직의 90여 세대만 남게 됐다. 2019년 현재는 유지되고 있는 조직이 전무한 것으로 보인다. 이키쓰키시마의 가쿠레 기리시탄들은 그렇게 소멸의 길로 접어들었다.

이키쓰키시마(生月島)에 있는 가스팔사마(ガスパル様) 순교지

　히라도지마의 가쿠레 기리시탄 조직은 이키쓰키시마보다 훨씬 일
찍 해산됐다. 히라도지마에서는 20세기 전반부터 조직의 해산이 시
작됐고 1970년대에 마지막으로 남아 있던 가쿠레 기리시탄 조직이
해산된 것으로 알려져 있다.

히라도의 교회들

　일본의 잠복 기리시탄들이 가톨릭교회 신부들과 다시 접촉하게

된 사건이 1865년 나가사키 오우라천주당에서 일어난 신도발견이다. 이 소식은 소토메外海를 비롯해 구로시마黑島, 고토五島, 히라도平戶, 아마쿠사天草 등지의 잠복 기리시탄들에게 급속하게 전해졌다. 히라도平戶 지역에 이 소식을 전해준 사람은 구로시마의 데구치 오요시出口 大吉였다. 데구치는 1866년 히라도지마의 동안에 있는 호키寶龜와 히모사시紐差 지구의 잠복 기리시탄들에게 신도발견에 관한 정보를 전했다. 이 소식을 들은 지역 잠복 기리시탄 조직 지도자들은 나가사키의 오우라천주당까지 가서 신부와 만나 세례를 받고 돌아오게 됐다. 이렇게 해서 히라도에서는 호키와 히모사시 지구를 중심으로 메이지 초기 기리시탄 부활이 진행됐다.

히라도지마의 중부 지역에 있는 히모사시 지구는 에도시대 전기에 목장이 많았던 곳이다. 히라도번은 에도시대 후기에 접어들면서 이곳에 경작지 개발을 장려했다. 이 과정에서 소토메, 구로시마, 고토 등지의 잠복 기리시탄들이 이주해오게 됐다.

소토메에 뿌리를 두고 있는 히모사시 지구의 잠복 기리시탄들은 가톨릭교회와 접촉하게 되면서 교회로 복귀하기 시작했다. 등록됐던 사찰과의 인연을 끊고 교회로 복귀하는 일은 법적으로는 문제가 없었지만 관습적으로는 쉽지 않았다. 불교도들과 교회로 복귀하지 않고 선조들로부터 물려받은 신앙양태를 그대로 유지하던 가쿠레 기리시탄들은 이들에게 공동우물을 사용하지 못하게 하는 등 배타적 태도를 보였다.

히모사시 거리가 한눈에 내려다보이는 언덕에 히모사시교회가 있다. 이 교회는 1929년 10월 완성됐다. 철근콘크리트조로 면적이 615m^{2}나 되는 대성당이다. 설계와 시공은 데쓰카와 요스케(鐵川 與

助, 1879~1976)가 맡았다. 데쓰카와는 고토 출신의 목수로 메이지시대부터 다이쇼시대, 쇼와시대에 이르기까지 나가사키현은 물론 규슈 전역의 수많은 교회들을 건축한 교회건축 전문가이다. 1970년 히모사시교회 일부 보수공사가 진행됐다. 이때 독일제 파이프오르간이 설치됐다. 쇼와 초기 철근콘크리트조를 대표하는 교회로 2010년 나가사키현으로부터 유형문화재로 지정됐다.

히모사시 지구에서 조금 북쪽에 호키 지구가 있다. 이 지역도 소토메와 고토에서 이주한 잠복 기리시탄들이 살고 있었다. 이 지역 기리시탄 6명은 일본에서 그리스도교가 묵인된 1873년의 이듬해에 나가사키현에 신고하고 가톨릭교회로 개종을 허가받았다. 나가사키현에서 첫 사례였다.

히모사시(紐差)교회

호키교회는 큰 도로에서 좁은 길로 제법 거슬러 올라가면 나오는 언덕에 자리 잡고 있다. 1898년 완공된 이 교회는 기본적으로 목조이지만 전면은 붉은 벽돌조로 돼 있다. 이 교회는 2003년 유형문화재로 지정됐다. 목조에서 벽돌조로 넘어가는 과도기의 교회로 평가받았다.

규슈 본도에서 히라도지마로 건너가려면 다비라田平 지역을 거쳐야 한다. 다비라와 히라도지마를 연결하는 다리가 히라도대교이다. 이 지역을 히라도구치平戸口라고도 한다. 마쓰우라松浦철도의 서규슈선西九州線이 이곳을 지난다. 히라도구치역은 일본에서 가장 서쪽에 있는 철도역으로 유명하다. 사세보역에서 히라도구치역까지는 기차로 1시간 20분 정도 걸린다. 서규슈선은 사가佐賀현 아리타有田역에서 나가사키현 사세보佐世保역까지를 연결하는 노선이다.

일본에 금교령이 해제될 무렵 가톨릭교회로 복귀한 소토메外海와 구로시마黑島의 신자들 가운데 일부는 신천지를 찾아서 다비라로 이주했다. 그들이 세운 교회가 다비라교회다. 데쓰카와 요스케가 벽돌조로 설계하고 시공했다. 데쓰카와가 지은 벽돌조 교회 가운데 최고봉으로 꼽히는 작품이다. 1918년 완성됐다.

나가사키의 벽돌조 교회들 중에는 일본식 기와로 지붕 마감을 한 경우가 많다. 일본식 기와는 암키와와 수키와가 따로 없다. 기와 한 장에 암키와와 수키와의 기능이 담겨 있는 개량형이다. 기와는 당시 일본에서 조달하기도 쉬웠지만 시공성과 내구성이 우수해 지붕마감재로 손색이 없었다. 다비라교회도 지붕에는 기와가 얹혔다. 1931년에는 프랑스에서 들여온 종鐘을 매달 수 있었다. 이 종은 태평양전쟁 때도 공습경보를 울리는 역할을 감당하면서 금속공출을 면할 수 있었다.

교회 옆에는 신자묘지가 조성돼 있다. 묘비마다 십자가가 장식돼

다비라(田平)교회와 교회공동묘지

있는 것이 특징이다. 박해기의 설움에서 벗어난 신자들이 이제는 당당히 십자가를 내세울 수가 있게 된 것이다.

히라도의 중심시가지는 히라도지마의 북동부에 있다. 히라도항이 일본에 그리스도교가 전래되던 때 선교거점이 됐던 곳도 이곳이다. 1549년 가고시마에 상륙했던 프란치스코 하비에르가 이듬해 선교거점을 히라도로 옮겼다. 이곳의 기리시탄들은 금교기의 혹독한 박해를 이기지 못하고 소멸했다. 치소에서 멀리 떨어진 산간벽지와 달리 관리들의 눈에서 가까운 중심부에서는 신앙을 유지할 수 없었던 것이다.

금교령이 해제되면서 히라도 중심부에도 가톨릭교회 신자들이 생겨났다. 이들은 1908년 가성당을 세우고 1913년 목조교회를 세운 데

호키(寶龜)교회의 전면과 내부 모습

이어 1931년에는 고딕양식의 철근콘크리트조 교회를 지었다. 히라도
시가지 서쪽 언덕에 세워진 이 교회는 1971년 일본에 처음 복음을 전

했던 성 프란치스코 하비에르 신부의 동상을 세우면서 하비에르 기념 교회로 불리게 됐다.

교회 아래에는 불교 사찰도 있어 항구에서 교회로 가는 비탈길에서는 사찰과 교회가 한눈에 들어오는 풍경을 볼 수 있어 사진촬영 명소로 꼽힌다.

히라도항 동쪽에는 히라도성이 있다. 에도시대 이 지역 다이묘였던 마쓰라松浦 씨의 거성이었다. 3면이 바다와 접하고 있는 구릉을 이용해 축조됐다. 지금은 이 지역의 역사, 민속 자료관과 공원으로 활용되고 있다.

히라도항 중심부에 있는 마쓰라 씨의 저택은 사료박물관으로 운영되고 있다.

▲히라도성에서 본 히라도 하비에르 기념교회
▼히라도 하비에르 기념교회 외관

▲히라도 하비에르 기념교회 내부
▼히라도 하비에르 기념교회에 있는 순교자 위령비

▲히라도 하비에르 기념교회에 있는 하비에르 상
▼사찰과 교회가 같이 보이는 풍경

▲히라도성
▼히라도 사료박물관

제7부

잠복 기리시탄 디아스포라, 고토五島열도

어디에서나 가톨릭교회가 보이는 고토열도五島列島

고토열도五島列島는 나가사키 서쪽 동중국해에 크고 작은 섬 140여 개가 밀집해 있는 군도群島를 말한다. 나가사키에서 약 100km 떨어져 있다. 제주도에서는 남동쪽으로 약 180km 거리에 있다. 섬의 곳곳에서 제주도에서도 봤음직한 아열대식물들이 많이 보여 이곳이 제주도와 멀지 않음을 느낄 수 있다. 열도를 대표하는 식물은 동백이다.

열도는 북동에서 남서 방향으로 줄지어 있다. 남쪽의 후쿠에시마福江島가 가장 큰 섬으로 고토열도의 중심 역할을 하고 있다. 이 섬에서 북동 방향으로 히사카지마久賀島, 나루시마奈留島, 와카마쓰시마若松島, 나카도리시마中通島가 나란히 있다. 이들 다섯 개의 섬을 주요 섬으로 보고 인근의 섬들을 합해 고토열도五島列島라고 부른다. 북쪽에 있는 오지카시마小値賀島와 우쿠시마宇久島도 고토열도에 포함된다.

행정적으로는 고토시五島市와 신가미고토초新上五島町, 오지카초小値賀町, 우쿠초宇久町 등으로 나뉜다. 모두 나가사키현 산하에 있다. 후쿠에시마와 히사카지마, 나루시마가 고토시에 속한다. 와카마쓰시마와 나카도리시마中通島는 신가미고토초에 포함된다. 두 섬은 와카마쓰若松대교로 연결돼 있다.

고토열도는 제주도와 함께 해마다 북상하는 태풍의 길목에 있어 우리나라의 태풍예보에도 자주 등장하는 지명이다. 태풍으로 인한 풍수해가 적지 않지만 이곳 사람들은 우리나라 제주도 사람들처럼 건축물 등에 태풍피해를 최소화하기 위한 대비조치가 철저하다. 그러나 고토 지역은 일본 열도와 달리 지진은 거의 없다고 한다. 고토열도는 지진과 화산활동이 집중돼 '불의 고리'(ring of fire)라고도 불리는 환태평양조산대에서 살짝 벗어나 있는 것이다. 환태평양조산대는 쿠릴열도와 일본 열도, 동인도제도 등으로 연결된다.

복잡한 리아스식 해안선으로 이루어진 고토열도는 푸른 동중국해와 함께 자연풍광이 빼어나 1955년 히라도平戶지역, 구주쿠시마九十九島지역과 함께 일본 정부로부터 사이카이西海국립공원으로 지정됐다.

나가사키항 여객터미널 매표소에서 고토로 가는 배표를 사는 사람들

낚시의 천국으로도 알려져 일본 국내뿐 아니라 우리나라의 낚시꾼들도 즐겨 찾는 곳이다. 참돔을 비롯해 벵어돔, 긴 꼬리 벵어돔, 돌돔 등이 인기 대상 어종이다. 고토열도의 인구는 약 6만 명이다.

고토열도에는 크고 작은 가톨릭교회가 50여 개나 있다. 나가사키현 전역의 교회가 130여 곳임 것을 감안하면 분포비율이 높은 편이다. 일본의 다른 지역보다도 현저히 높다는 나가사키현의 가톨릭교회 신자 비율이 4.5%인데 고토열도의 신자 비율은 무려 14.6%에 달한다. 신자 비율은 고토시보다 신가미고토초 쪽이 더 높다.

고토열도 지역에 가톨릭교회와 신자가 이렇게 많은 것은 역사적인 원인이 있다. 18세기 말 소토메 지역의 잠복 기리시탄들이 대거 이 곳으로 이주해왔다. 그리고 이들의 후손들이 19세기 후반 가톨릭교회 신자가 됐던 것이다. 고토열도 곳곳이 잠복 기리시탄의 디아스포라였다.

현재 유네스코 세계문화유산으로 등재된 명칭은 '나가사키와 아마쿠사 지방의 잠복 기리시탄 관련 유산'(長崎と天草地方の潜伏キリシタン関連遺産)이다. 그러나 이 지역 사람들이 처음 세계문화유산 등재를 추진하던 명칭은 '나가사키의 교회군과 그리스도교 관련 유산'(長崎の教会群とキリスト教関連遺産)이었다.

나가사키현의 교회들은 세계적으로도 희귀한 교회사를 지녔다는 역사적 가치를 지니고 있다. 약 450년간에 걸쳐 그리스도교의 전래와 박해, 잠복, 부활이라는 독특한 과정을 겪었기 때문이다. 이 지역 교회들은 대부분 19세기 밀에서 20세기 초 파리외방전교회 선교사늘의 지도하에 지어졌다. 지역의 신자들은 비록 가난했지만 최대한의 정성과 노력을 기울여 신앙의 부활을 상징하는 교회를 건축했다. 대부분

나가사키항과 후쿠에항을 잇는 제트포일.

지금도 초기의 형태를 그대로 간직하고 있다.

그뿐만 아니라 이 교회들은 유럽식 교회의 외형을 지녔지만 지을 때 일본 재래의 자재와 공법이 사용됐다. 일본 목수들의 수준 높은 목조건축 기술이 잘 구현돼 건축미와 내구성을 확보할 수 있었다. 시대에 따라 목조에서 벽돌조, 철근콘크리트조로 변화해가는 건축양식도 살펴볼 수가 있다.

무엇보다도 교회들은 주로 마을 어디에서나 잘 보이는 언덕 등에 자리 잡고 있어 수려한 자연경관과 함께 지역의 새로운 경관을 창출해낸 것이 특징이다.

유네스코 세계유산으로 등록된 명칭은 등재 과정에서 비슷한 역사를 지닌 구마모토熊本현의 아마쿠사天草 지역을 포함시키고 금교기에 초점을 맞춰야 한다는 유네스코 자문기관의 권고가 받아들여져 확정됐다. 구성자산도 이에 맞춰 12건으로 최종 결정됐다.

'나가사키의 교회군과 그리스도교 관련 유산'이란 명칭으로 세계 유산 등재를 추진하던 시기의 구성자산후보는 나가사키현 이외 지역의 교회 일부를 포함해 모두 49개 교회였다. 이 가운데 고토열도 지역의 교회 18곳이 포함돼 있었다.

유네스코 세계유산과는 무관하게 지금도 고토열도의 교회들에서는 순례 수첩을 갖고 다니며 교회에 비치된 기념 스탬프를 찍는 순례자들을 어렵지 않게 볼 수 있다. 교회에 있는 방명록을 뒤져 보면 한국인 순례자들의 이름도 더러 보인다. 주로 '한국 00교구 00성당 000외 00명'이라는 형식으로 기록돼 있다. 한국 천주교인들도 단체로 이지역 교회들을 순례하는 경우가 적지 않음을 말해준다.

소토메 지역 잠복 기리시탄들, 고토열도로 이주하다

고토는 히라도와 함께 고대 견당사遣唐使들이 기항하는 곳이었다. 본도와 멀리 떨어진 작은 섬들이었지만 수도의 귀족과 승려들이 중국을 오가며 거치는 곳으로 일씨감지 국세성을 띠세 냈나.

고토열도는 14세기 한반도와 중국 연안을 괴롭혔던 왜구의 거점이기도 했다. 1392년 조선이 개국하면서 대마도의 관리하에 평화적인 무역체제가 정립되자 고토열도의 세력도 조선과의 평화무역에 참여해 번영을 누리기도 했다. 뿐만 아니라 동남아시아와 일본의 밀무역도 성행했다. 히라도를 거점으로 활동했던 중국인 해적 두목 왕직王直의 세력이 고토열도에도 미쳤다.

16세기 그리스도교 복음이 일본 열도에 전해질 무렵 고토열도에

후쿠에항 터미널

도 어김없이 복음이 전해졌다. 일본 최초의 순교자들인 26성인 가운데 한 사람인 요하네 고토가 고토 출신이었다. 요하네는 12세 때 나가사키로 나가 신학교인 세미나리와 코레지오에서 수학했다. 그는 예수회 신부를 따라 오사카 교회에서 사역하다 도요토미 히데요시의 명령에 따라 체포돼 나가사키 니시자카 언덕에서 처형됐다.

그러나 에도 막부의 금교령이 내려지자 기리시탄에 대한 혹독한 박해가 고토열도에서도 벌어졌다. 어김없이 이 지역에서도 매년 에부미繪踏가 진행됐다. 고토열도에 모진 박해에도 신앙을 버리지 않고 이어간 잠복 기리시탄들이 없었던 것은 아니다. 그러나 소토메나 히라도같이 조직화되지는 않았던 것으로 보인다.

그러던 고토열도에 잠복 기리시탄들이 폭넓게 터를 잡기 시작했다.

17세기 초 도쿠카와 막부幕府에 의해 중앙권력인 막부와 지방권력인 번藩으로 구성된 막번체제幕藩體制가 성립됐다. 고토열도는 고토번

五島藩의 영지가 됐다. 고토번은 막부 말기까지 존속했지만 약소번으로 꼽히던 오무라번大村藩보다도 세력이 약했다. 영지의 세력규모를 나타내는 석고石高가 오무라번의 절반 정도에 불과했다. 석고는 총생산량을 쌀로 환산한 단위였다. 고토번의 지상과제는 항상 '빈곤과의 투쟁'이었다. 게다가 고토번은 막부로부터 해안방위의 임무를 부여받았기 때문에 갈수록 부담이 가중됐다.

18세기에 이르러서는 메뚜기 피해를 입어 수확량의 1/3이 감소하는 사태까지 일어났다. 고토의 백성들은 굶주림에 시달렸다. 굶주림 끝에 목숨을 잃는 백성들도 속출했다. 고토번은 이럴 때마다 인근의 오무라번에서 쌀을 꾸어 와야 했다.

이럴 때 바다 건너편 소토메外海 지역 농민들이 고토로 이주해 오는 경우가 더러 있었다. 당시 소토메 지역은 경작지가 극심하게 부족해 늘어나는 인구를 감당할 수 없는 처지였다. 오무라번은 소토메의 백성들에게 장남 이외의 아들은 죽이도록 강요하기에 이르렀다. 오무라번으로서도 고육지책이었다. 그러나 대부분이 잠복 기리시탄이었던 소토메의 백성들로서는 수용하기가 매우 어려운 주문이었다. 최초로 소토메 백성이 고토로 이주한 깃은 1772년이 있다. 이 해에 16세대, 70명이 소토메에서 고토로 이주했다는 기록이 있다. 이주는 몇 차례 더 진행됐다. 일손이 부족했던 고토번으로서는 이들의 이주를 제한할 필요가 없었다. 심지어 이들이 잠복 기리시탄이라는 공공연한 비밀까지도 묵인했다.

그러던 고토에 천연두가 돌아 주민이 전멸한 마을이 속출하기까지 했다. 결국 1796년 고토번주는 오무라번주에게 농민 1,000명을 이주시켜 달라고 정식으로 부탁하게 됐다. 오무라번도 이 부탁을 받

고토 후쿠에공항의 모습

후쿠에항 터미널 내부의 모습

아 들여 이듬해 소토메 지역 농민 108명을 선발해 고토로 보냈다. 이들은 잠복 기리시탄들이었다. 하지만 오무라번은 이들이 불교도임을 보증하는 문서를 발급해줬다. 고토번에 대해서도 이들을 선처해줄 것까지 당부했다. 고토번도 이들을 어느 정도 우대했다.

고토로 이주한 농민들이 그런대로 잘 정착했다는 소문이 소토메에도 전해졌다. 이 소식을 들은 소토메의 농민들은 동요했다. 이들은 먼저 이주한 사람들과의 혈연, 지연 등을 이용해 바다를 건넜다. 19세기 초 약 3,000명이 소토메에서 고토로 이주한 것으로 전해진다.

이들은 신천지의 꿈을 품고 고토로 건너 갔지만 조건이 좋은 땅은 원주민이나 이미 건너왔던 사람들이 차지하고 있었다. 이들은 산골짜기나 궁벽한 해안에 터를 잡을 수밖에 없었다. 지금도 고토의 해안도로를 달리다 보면 외딴집이나 집 두세 채가 고작인 마을을 쉽게 볼 수 있다. 이들은 여전히 가난한 삶을 면할 수 없었다. 고토번의 정식 요청에 의해 이주해온 이른바 어용농민과 달리 자의로 이주해온 농민들은 원주민들의 땅을 빌려 개간해야 하는 경우가 많았다. 이들에게는 원주민들의 차별도 뒤따랐다. 차별이라고 하는 것은 멸시와 천대가 동반되기 마련이었다. 정착에 실패한 농민들이 아마쿠사나 히라도 등지로 재이주하는 경우도 적지 않았다.

고토에 겨우 정착한 사람들은 강인한 생활력으로 하루하루를 버텨나갔다. 궁핍한 생활환경이었지만 이들은 더 이상 갓 태어난 아들을 죽이지 않아도 됐다. 무엇보다도 기리시탄 공동체에 대한 번의 감시가 그다지 엄격하지 않았다.

가톨릭교회로 복귀한 고토 잠복 기리시탄들

1853년 에도막부는 200년 이상 고수했던 쇄국정책을 중단했다. 외국에 문호를 개방한 것이다. 일본에서는 이를 개국開國이라고 한다. 개항지였던 나가사키의 외국인 거주구역에 세워진 교회가 오우라大浦 천주당이다. 1865년 오우라천주당이 건립되자 가까운 우라카미浦上 지역의 잠복 기리시탄들이 찾아와 자신들도 같은 신앙을 갖고 있음을 고백했다. 바티칸을 비롯한 세계 가톨릭교회를 깜짝 놀라게 했던 이른바 '신도발견'이다.

이 소식은 나가사키 주변에 날아갈 듯 퍼져나갔다. 때마침 신병을 치료하기 위해 나가사키에 체류하고 있던 고토五島의 한 소년도 오우라천주당을 방문해 자기가 살고 있는 섬에도 신자가 1,000명 이상 있다고 알렸다. 그리고 섬으로 돌아가 나가사키에 신부가 와 있음을 알렸다. 이 소식을 들은 고토의 잠복 기리시탄 사회 중심인물들이 차례로 오우라천주당으로 찾아가 교리를 배웠다. 1867년 구장 신부가 비밀리에 고토를 방문했다.

하지만 이 시기는 아직 금교령이 해제되지 않았던 때였다. 잠복 기리시탄들과 가톨릭교회와의 접촉이 빈번해지자 박해가 뒤따랐다. 박해는 메이지 정부에까지 이어졌다. 고토 곳곳에 박해유적지가 남아 있다.

메이지 정부가 소극적이지만 금교령을 해제한 것이 1873년이었다. 잠복 기리시탄들이 속속 가톨릭교회로 복귀하기 시작했다. 물론 모두가 복귀한 것은 아니다. 조상들로부터 물려받은 신앙양식으로 그대로 지키겠다는 사람들도 있었다. 이들을 가쿠레 기리시탄이라고 한다.

당시 외국인 신부들의 행동 범위는 제한돼 있었다. 신부들은 일본인 전도사들을 양성해 먼 곳에 있는 신자들을 돌보게 했다. 고토 최초의 일본인 전도사는 도밍고 모리마쓰 지로森松 次郎였다. 모라마쓰는 소토메에서 고토로 이주한 잠복 기리시탄이었다. 그는 기리시탄들과 함께 무인도였던 가시리가시마頭ヶ島로 이주해 전도소를 열었다. 외국인 신부의 활동범위 제한규정이 완화되자 1877년 오돌 프레노 신부가 고토열도 전체를 담당하게 됐다. 오돌 신부가 도자키堂崎에서 크리스마스 미사를 집전했을 때 1천 수백여 명의 신자가 운집했다고 전해진다.

가톨릭교회로 복귀한 신자들은 차츰 교회를 짓기 시작했다. 가난한 삶에도 정성을 모아 교회를 지었다. 벽돌이나 기와를 옮기는 일부터 공사 현장의 힘든 일들도 신자들의 몫이었다.

고토열도의 중심 후쿠에시마福江島

고토열도의 남쪽에 있는 후쿠에시마福江島는 고토열도에서 면적이 가장 넓다. 에도시대 고토번주의 거성도 이곳에 있었다. 번주의 거성인 후쿠에성福江城터에 지금은 고토고등학교가 들어서 있다.

후쿠에성터 옆에는 고토관광역사자료관이 있다. 고토의 관광명소나 축제를 소개하기도 하고 향토의 역사와 문화유산 자료를 전시하고 있다. 고토의 기리시탄 문화와 역사 자료는 3층 전시실에 전시돼 있다. 2층 전시실에서는 고토를 근거로 활약했던 왜구에 관한 자료도 볼 수 있다.

후쿠에시마에는 공항이 있어 후쿠오카 공항이나 나가사키 공항에서 비행기로 갈 수 있다. 후쿠오카에서는 40분, 나가사키에서는 30분 정도 걸린다. 후쿠에공항은 고토동백공항이라는 별명이 붙어 있다.

일반적으로는 나가사키항에서 배를 타고 갈 수 있다. 선박편은 사세보항과 하카타항과도 연결된다. 나가사키에서 후쿠에까지는 1시간 25분에 갈 수 있는 제트포일편과 3시간 10분이 걸리는 페리편이 있다. 사세보에서는 1시간 55분, 하카타에서는 8시간 30분이 걸린다.

개인적으로 후쿠에시마를 답사하려면 이 섬에서 렌터카를 이용하는 것이 좋다. 예약을 하고, 가는 선편을 알려주면 렌터카 회사 직원이 후쿠에항 도착시각에 맞춰 여객터미널까지 마중을 나온다.

일본에 금교령이 해제되고 고토에서 처음으로 미사가 거행된 곳이 도자키堂崎 마을 바닷가였다. 도자키 마을은 후쿠에항에서 북쪽으로 7km 정도 떨어진 곳에 있다.

1877년부터는 고토 지역을 담당하는 신부가 도자키 마을에 상주하게 됐다. 지역 곳곳에 소교구 제도가 정비되기 전까지 이 마을이 고토지역 사목의 거점이 됐다. 1880년에 임시교회가 세워졌고 1908년에 본격적인 교회 건축이 이루어졌다. 이때 지은 도자키교회 건물이 지금도 그대로 남아 있다. 마을 주민들이 줄어들어 지금은 미사를 드리지 못한다. 교회는 1977년부터 기리시탄 역사자료관으로 활용되고 있다. 이곳이 고토 지역 가톨릭교회의 원점인 셈이다.

교회는 붉은 벽돌을 쌓은 고딕 양식으로 지어졌다. 지붕에는 일본식 기와가 얹혀졌다. 내부는 고딕 양식의 건축물답게 리브 볼트 천정으로 마감됐다. 이 교회가 후에 지어지는 고토 지역 교회들의 모델이 됐다. 훗날 교회 건축의 대가로 성장한 데쓰카와 요스케(鐵川 與助,

이곳 출신으로 나가사키 니시자카 언덕에서 순교한 일본 26성인 가운데 한 명인 요하네 고토 상. 도자키교회 마당에 있다.

도자키(堂崎)교회 내부

목판화로 제작된 성화들

1879~1976)도 견습목수로 이 교회 건축에 참여했다.

교회 앞마당에는 이곳에서 사목했던 마루만 신부와 페류 신부의 상 그리고 이 지역 출신으로 나가사키 니시자카 언덕에서 순교한 일본26성인 가운데 한 명인 요하네 고토의 상이 있다. 요하네 고토가 십자가에 매달려 있는 모습을 형상화한 동상은 순례객들을 숙연하게 한다.

교회 내부의 전시물 중 목판화로 제작된 성화 3점이 눈에 띄었다. 메이지 시대 나가사키 지역에서는 목판화로 성화를 제작해 각 지역 교회에 배부했다. 교육용으로 활용하기 위해서였다. 일본에서는 에도 시대 목판화로 제작한 풍속화인 우키요에浮世繪가 서민들에게 크게 유행했다. 그래서 수준 높은 목판화 작가들이 있었다. 도 로 신부는 이런 배경이 있는 일본의 목판화 작가에게 성화 제작을 의뢰했다. 나가사키의 오우라천주당에 10종의 판목이 보존돼 있다. 이곳에는 3종의 성

▲도자키 민속자료관과 내부의 모습
▼◀후쿠에성(福江城)터. 지금은 고토고등학교가 들어서 있다.
▼▶고토관광역사자료관

화가 전시돼 있다. 우키요에 전통은 일본 현대목판화로 이어져 탁월한 예술성을 뽐내고 있다.

교회 가까이에는 민속자료관도 있다. 항아리 등 민구와 탈곡기 등 농구 등이 전시돼 있다.

혹독한 시련을 이겨낸 기리시탄의 섬, 히사카지마久賀島

히사카지마久賀島는 후쿠에시마福江島 북쪽에 있다. 섬의 북쪽에 움푹 파인 모양의 히사카만久賀灣이 있어 섬은 말발굽 모양을 하고 있다. 리아스식 해안으로 천혜의 자연경관을 지니고 있는 아름다운 섬이지만 평지가 적어 삶의 터전으로는 척박한 섬이다. 19세기 초 소토메에서 건너온 잠복 기리시탄들이 정착해 삶터를 일궜던 섬이다. 소토메 잠복 기리시탄들이 이 섬에 들어왔을 때 이 섬에도 오라쇼를 암송하는 노인이 있었다는 이야기가 전해진다. 이 섬에도 잠복 기리시탄이 없지는 않았지만 조직적이지는 않았던 것으로 보인다.

지금 이 섬에는 300명 남짓한 주민이 살고 있다. 그나마 심각한 고령화와 함께 인구감소가 진행 중이다. 섬에는 소학교 1곳과 중학교 1곳만 남아 있다. 몇 곳에 있던 학교들은 차례로 폐교됐다. 남게 된 학교도 2011년부터는 소학교와 중학교가 한 울타리에 있는 소중병설교로 운영되고 있다. 유치원은 없다. 유치원생 2명이 연락선을 타고 후쿠에시마로 통원하는 모습을 볼 수 있었다. 유치원 선생님이 통원 승합차와 함께 후쿠에항에 아이들을 마중 나와 있는 모습이 짠해 보였다.

후쿠에시마에서 이 섬까지는 페리와 고속선이 운행되고 있다. 페리는 35분, 고속선은 20분 정도 걸린다. 이 섬을 답사하려면 후쿠에시마에서 빌린 차를 페리에 싣고 가면 편리하다. 택시를 대절하는 방법도 있으나 요금이 비싸다. 특이한 교통수단인 해상택시가 있으나 답사에 적당하지 않다. 바닷길로 손님이 원하는 곳까지 태워다 주는 해상택시는 주로 낚시꾼들이 이용하는 것으로 보였다.

후쿠에항과 히사카지마(久賀島) 다노우라(田ノ浦)항을 왕복하는 페리

섬의 현관구는 섬의 남서쪽에 있는 다노우라田ノ浦항이다. 항구라고는 하나 선착장에 불과하다. 연락선이 다노우라항에 다다르면 섬 언덕에 하얀색 교회가 보인다. 뱃길을 안내하는 등대 같은 느낌도 들게 하는 이 교회가 이 섬에 처음 세워진 하마와키浜脇교회이다. 1881년 목조건물로 세워졌다가 신자 수가 늘어나자 1931년 고토 최초의 철근콘크리트조로 다시 지어졌다. 일본에서는 19세기 말엽부터 벽돌조 교회가 많이 지어졌다. 그러나 1923년 발생한 간토대진재關東大震災때 벽돌조 건물이 지진에 취약한 것으로 밝혀지면서 사정이 달라졌다. 그 이후에 짓는 교회는 주로 철근콘크리트조가 활용됐다. 하마와키교회는 그 선구자인 셈이다. 나가사키현에서도 히모사시紐差교회에 이어 두 번째로 지어진 철근콘크리트조 교회이다. 태평양전쟁 때는

바다에서 본 하마와키(浜脇)교회

미군의 공습을 피하기 위해 교회의 외벽을 검은 색으로 칠했다고 한다. 위장을 한 것이다. 1996년에야 본래의 흰색으로 바뀌어 그 아름다움을 되찾았다.

이 지역 잠복 기리시탄의 후손으로 사제가 돼 이 교회 주임을 지냈던 토마 와키타 아사고로脇田 淺五郎 신부는 태평양전쟁이 한창이던 1943년 조선 광주교구장으로 부임해 한국천주교와 인연을 맺었다. 와키타 주교는 종전 즉시 교구장을 사임하고 일본으로 돌아갔다. 당시 일본 군부는 가톨릭교회의 외국인 신부들을 경계했다. 일본의 외국인 교구장들을 모두 일본인으로 바꿨다. 이어 조선의 교구에도 일본인 주교를 파견하도록 했다. 황국신민화정책의 일환이었다. 대구교구장으로는 하야사카 규베이早坂 久兵衛 주교가 임명됐다. 미야기宮城현

▲하마와키(浜脇)교회
▼하마와키(浜脇)교회 내부

출신인 하야사카 주교는 종전 후 교구장을 사임하고도 일본으로 돌아
가지 않고 대구에 머물다 이듬해 선종했다. 주교는 대구대교구 성직
자묘지에 묻혀 있다. 일제는 일본군 점령지였던 베트남에도 일본인
주교를 보냈다.

일제는 1939년 종교단체법을 제정했다. 종교단체에 대한 국가통
제를 강화하기 위해서였다. 이 법을 근거로 1941년에는 일본의 프로
테스탄트교회 30여 개 교단이 일본기독교단으로 통폐합됐다. 태평양
전쟁 종전 직전에는 조선의 개신교회들도 일본기독교 조선교단으로
통폐합됐다. 일본기독교단 산하로 편입된 것이다. 교회들도 일제의
전시체제에 협력해야 했다. 세월이 흘러 지금은 한국인 사제들과 목
사들이 일본 곳곳에서 활약하고 있는 것을 어렵지 않게 볼 수 있다.

기리시탄에 대한 박해는 이 섬에서도 있었다. 이 섬에서는 42명의
순교자가 발생한 참혹한 박해사건이 있었다. 1868년 이 섬의 기리시

로야노사코(牢屋の窄) 순교기념교회

로야노사코(牢屋の窄) 순교기념교회 내의 순교비

탄 200여 명이 관원들에게 체포됐다. 이들이 스스로 기리시탄임을 표
명했기 때문이다. 이들은 모두 다다미 12장 정도 넓이(약 20m²)의 좁
은 감방에 갇혔다. 화장실도 없는 좁은 감방에 갇힌 이들은 움직일 수
도 없었다.

예전에 만원버스를 콩나물시루에 비유하곤 했다. 안내양이 겨우
문을 닫으면 운전사가 능숙한 솜씨로 지그재그 운전을 해 승객을 정
리하던 시절이 있었다. 1990년 무렵 서울의 지하철역에는 푸시맨들
이 배치됐다. 건장한 푸시맨들이 객차에 탑승하려는 승객들의 등을
밀어 넣어야 했다. 키가 작은 사람은 발이 허공에 뜬 채로 버티기도
했다.

감금된 기리시탄들은 콩나물시루 같았던 감방에서 8개월을 버텨
야 했다. 감금 자체가 가히 살인적인 고문이었다. 신앙을 포기하면 풀
어 주겠다는 관원들의 회유는 계속됐다. 불승들도 감방을 돌며 염불

을 계속했다. 그러나 회유에 넘어가는 기리시탄은 아무도 없었다. 이 과정에서 굶주림과 질병, 고문 등으로 39명이 옥사했다. 이 야만적인 박해 사실을 알게 된 선교사들과 외국공사들은 신생 메이지 정부에 강력하게 항의했다. 메이지 정부는 이들의 항의에 못 이겨 8개월 만에 감금된 기리시탄들을 석방했다. 석방된 기리시탄 가운데 3명이 옥고의 후유증으로 사망했다. 겨우 살아남은 사람들의 몸도 만신창이였다. 머리카락이 다 빠져버린 주부도 있었다. 이 사건을 로야노사코牢屋の窄사건이라고 한다. '로야牢屋'는 감옥이라는 말이다. '사코窄'는 '좁아서 짓눌리다'라는 뜻이다. 정리하면 기리시탄들이 좁은 감방에 갇혀 짓눌리는 고문을 당한 사건이다.

1969년 순교 100주년을 맞아 이 순교의 현장에 로야노사코牢屋の窄 순교기념성당이 세워졌다. 1984년에는 실제로 감옥이 있었던 곳에 새로 성당을 건립했다. 성당 내부의 바닥에 깔린 융단은 당시 감방의 넓이만큼 다른 색깔로 돼 있다. 순례객들이 당시 감방의 넓이를 한눈에 가늠할 수 있도록 배려한 것이다.

성당 옆에는 순교자 한 명에 하나씩 세워진 순교비가 줄지어 있다. 순례객들을 숙연케 한다. 이곳에서도 매년 가을 순교제가 열리고 있다.

순교기념성당은 다노우라항의 북동쪽에 있다. 이 섬의 유일한 국도인 167번 도로를 따라 6km 정도 가면 나온다. 하마와키교회에서는 4.5km 거리이다.

섬의 동쪽 나루시마奈留島가 마주보이는 해안에 고린五輪 마을이 있다. 자동차가 들어갈 수도 없는 마을이다. 자동차가 갈 수 있는 곳까지 가면 주차장이 있다. 거기서 10분 정도 더 걸어가야 되는 곳이다. 자동차길이 이어진 곳까지는 다노우라항에서 14km 떨어져 있다. 30분

다노우라(田／浦)항 입구에 있는 이정표

정도 걸린다. 후쿠에항에서 해상택시로 직접 가면 25분 정도 걸린다.

산비탈이 바다로 바로 떨어지는 지형에 겨우 터를 마련해 집들이 듬성듬성 들어선 마을이다. 농경지라고 해야 산비탈을 간신히 개간해 일군 손바닥만한 밭뙈기들이 고작이다. 바다에 의지해 살아갈 수밖에 없는 궁벽한 마을이다. 소토메에서 뒤늦게 이주한 잠복 기리시탄들이 이 마을에 정착했다. 이들에게 몰아살 땅은 이런 지역밖에 없었다.

히사카지마의 국도는 다노우라항에서 북동 방향으로 와라비初蕨町까지 나 있는 167번 도로가 유일하다. 이 도로를 근간으로 작은 도로가 몇 가닥 접속돼 있다. 와라비는 우리말로 고사리다. 와라비초는 우리나라 시골 마을 이름처럼 번역하면 고사리골 정도 될 것이다. 고사리골에서 고린 마을로 가는 안내판을 보면서 남동쪽으로 가다보면 막다른 길이 나온다. 그곳에 주차를 하고 내리막길을 걸어가면 바닷가에 닿는다. 여기서 동쪽으로 조금 더 가면 교회 두 개가 나란히 보인

고린(五輪)교회로 가는 길. 고린 마을까지 자동차가 들어갈 수 없다.

다. 옛 고린교회와 새 고린교회이다.

옛 고린교회는 목조 하마와키교회를 옮겨온 것이다. 1881년 목조로 세웠던 교회를 1931년 헐고 새 교회를 지을 때 옛 교회의 부재를 이곳으로 옮겨와 다시 지었다. 이 교회는 이후 50여 년 동안 이 마을과 와라비코지마蕨子島 신자들의 신앙 근거지 역할을 톡톡히 했다. 와라비코지마는 고사리골 앞바다에 있는 작은 섬이다.

건물이 낡은 데다 태풍피해마저 입게 되자 1985년 교회 옆에 새 교회를 지었다. 옛 고린교회는 헐리기 직전 관계자들에 의해 보존할 가치가 있다고 판단돼 고토시에 기증됐다. 고토시는 옛 고린교회를 보수했고 유지관리까지 하고 있다.

일본식 목조에 기와가 얹혀진 건물이지만 창문이 첨두아치형이어서 한눈에 교회임을 알 수 있다. 내부는 리브 볼트 천정으로 꾸며져 있다. 초기 교회 건축 양상을 알 수 있는 건축물로 인정돼 1999년 국

옛 고린(五輪)교회와 새 고린(五輪)교회가 나란히 있다.

옛 고린(五輪)교회

옛 고린(五輪)교회 내부

가 중요문화재로 지정됐다.

새 교회의 신자는 4세대의 9명이 고작이다. 한때는 신자가 150명을 넘기도 했다고 한다. 미사는 한 달에 한 번만 드린다.

이 마을 사람들의 성씨도 거의 '五輪'이다. 그런데 종가만 음독으로 '고린'이라 발음하고 나머지 집은 훈독으로 '이쓰와'라고 발음하는 것이 특징이다. 우리나라에도 많이 알려진 일본의 인기가요 '고이비토요戀人よ'를 발표했던 가수 이쓰와 마유미五輪 眞弓의 아버지가 이 마을 출신이다. 할아버지는 이 교회의 오르간 반주자였다고 한다. 이쓰와의 5대조도 로야노사코牢屋の窄사건 때 혹독한 고초를 겪은 것으로 전해진다.

섬의 북동부에는 오리가미折紙전망대라는 곳이 있다. 리아스식 해안으로 이루어진 섬의 절경을 한눈에 볼 수 있는 곳이다. 이 섬 주민들이 스스로 가꾼 곳이다. 히사카소학교 어린이들도 때때로 이곳에 올

오리가미(折紙)전망대에서 본 풍경

라와 청소를 한다고 한다.

고사리골에 있던 와라비소중학교蕨小中學校는 2009년 폐교됐다. 1875년 개교한 이 학교는 점차 학생이 줄어 124년의 역사를 뒤로 하고 결국 문을 닫았다. 폐교기념비에는 '고마워요. 친구여, 와라비여, 배움의 집이여'라는 비문이 새겨져 있다.

이 마을 출신으로 지금은 기타규슈北九州에서 살고 있는 소설가 나카오 사부로中尾 三郎 씨는 이 폐교를 인수해 히사카지마 역사문화자료관으로 조성하고 있다. 섬에 탐방객들을 위한 변변한 숙박시설이 없는 점을 감안해 폐교를 연수센터로도 활용하고 있다. 숙박과 식사제공이 가능하다. 2019년 5월 어느 날, 나는 이 폐교의 옛 교장관사를 활용한 객실에서 하루를 묵었다. 다음 날 아침 경쾌하게 지지귀는 새소리에 잠을 깼다.

다노우라항 근처에 있는 폐교는 유명화가 마쓰이 모리오松井 守男

와라비소중학교(蕨小中學校) 폐교기념비

의 아틀리에 검 갤러리로 활용되고 있다. 프랑스 코르시카 섬을 근거로 활동하고 있는 마쓰이는 히사카지마의 아름다움에 매료돼 옛 다노우라소학교 터에 아틀리에를 조성했다. 그는 코르시카와 이곳을 오가며 창작활동을 하고 있다. 그는 "건조한 코르시카에 비해 적당한 습도가 있는 이곳에서는 물감의 자연스러운 번짐 효과를 얻을 수 있어서 창작에 유리하다"는 소감을 밝힌 적이 있다. 폐교의 복도에는 작가의 작품이 전시돼 있다. 이곳을 관람하려면 사전예약이 필요하다.

1942년생인 마쓰이는 아이치愛知현 출신으로 무사시노武藏野미술대학을 졸업하고 프랑스로 건너가 활동하고 있다. 2000년 프랑스 정부로부터 예술문화훈장을 받은 데 이어 2003년에는 레지옹 도뇌르 훈장까지 받았다. 이 훈장은 나폴레옹 1세가 제정한 것으로 프랑스 최고의 훈장이다.

나루시마奈留島 가쿠레 기리시탄의 후예 가키모리柿森 씨

　나루시마奈留島는 고토열도 가운데서도 특별히 해안선이 복잡한 섬이다. 작은 섬이지만 여러 갈래의 반도로 나뉘어져 있다. 반도가 많으니 만(灣)도 많다. 이 섬도 역시 19세기 초 소토메 잠복 기리시탄들이 건너와 정착한 곳이다. 후쿠에항에서 나루항奈留港까지는 고속선과 페리로 갈 수 있다. 고속선은 30분, 페리는 45분 정도 걸린다. 섬에서는 에가미江上천주당만 답사하는 일정이라면 렌터카보다는 택시를 이용하는 편이 간편하다. 나루항에서 에가미천주당까지는 택시로 20분 정도 걸린다. 왕복코스로 신청하면 에가미천주당을 답사하는 동안 택시는 주차장에서 기다려 준다. 친절한 기사를 만나면 가이드 역할까지 훌륭히 해준다.

나루항 근처에 세워진 기념비. '이 섬에서부터 세계유산 시작되다(この島から世界遺産はじまる)'라고 적혀 있다

내가 2019년 5월 나루항에 도착했을 때 이 섬에서 '가쿠레 기리시탄 마을'을 지키고 있는 가키모리 가즈토시柿森 和年 씨가 마중을 나와 있었다. 동행한 안도 구니아키安東 邦昭 일본 전국가쿠레기리시탄연구회 회장이 미리 연락을 해뒀기 때문이다. 두 사람은 같은 주제의 연구 활동을 하고 있기 때문에 깊이 교류해온 사이이다.

가키모리 씨는 우리가 여객터미널에 도착하자 우선 터미널 앞에 있는 기념비로 안내했다. 비석에는 '이 섬에서부터 세계유산 시작되다'(この島から世界遺産はじまる)라고 적혀 있었다. 2018년 6월 30일 유네스코 세계문화유산 등재가 결정된 '나가사키와 아마쿠사 지방의 잠복 기리시탄 관련 유산'(長崎と天草地方の潜伏キリシタン関連遺産)을 두고 하는 말이다.

가키모리 씨는 이 섬 가쿠레 기리시탄의 후손이다. 그러나 그는 20세 때 홀로 나가사키에서 세례를 받고 가톨릭교회 신자가 됐다고 했다. 그는 나가사키시청에서 문화재 담당 공무원으로 근무하다 정년퇴직했다. 그가 태어났던 아코기阿古木마을에도 한때는 12세대, 100명 정도가 살았다. 그러나 도시로 떠난 젊은이들이 돌아오지 않으면서 마을에는 한 사람도 남지 않게 됐다. 가키모리 씨는 퇴직하고 아무도 남지 않은 고향 마을에 집을 새로 짓고 돌아왔다. 그가 지금 살고 있는 집은 2008년 준공됐다.

나루항 여객터미널 앞에 있는 기념비는 나가사키의 교회군을 유네스코 세계유산으로 등재하기 위한 시민운동이 이 섬에서 시작됐음을 알려주는 것이다. 우리가 이 섬에 도착하기 나흘 전인 2019년 5월 26일 제막됐다.

'나가사키 교회군을 세계유산으로 만드는 모임'(長崎の教会群を世

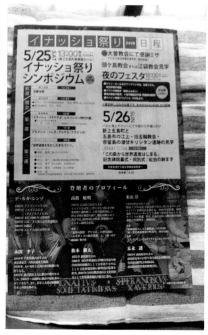

이낫쇼 마쓰리(祭り) 안내지

界遺産にする会)이 2001년 9월 15일 이 섬에서 발족됐다. 관계 전문 가와 교회관계자를 비롯한 뜻있는 시민들이 참가한 순수 시민단체였다. 가키모리씨는 이 모임의 사무국장이었다.

나가사키현도 이 모임의 활동에 관심을 보였다. 관련 유산 후보군에 대한 실태조사와 함께 보존관리 대책을 마련하기 시작했다. 2006년에는 일본 문화재청이 공모한 세계유산후보지로 이름을 올리고 정식후보로 선정됐다. 2007년 1월에는 '나가사키 교회군과 그리스도교 관련 유산'(長崎の教会群とキリスト教関連遺産)이란 명칭으로 잠정리스트에 게재됐다.

이해 11월 12일에는 제1회 나가사키현 세계유산 등록추진회의가 열렸다. 12월 26일에는 관련 학술회의도 열렸다.

이후 여러 차례의 추진회의와 학술회의를 거쳐 2015년 1월에야 정식 추천서가 유네스코에 제출됐다. 그러나 자문기관인 국제기념물 유적회의ICOMOS는 현지조사를 거쳐 구비내용이 부족하다고 지적했다. 나가사키현은 ICOMOS의 지적을 받아들여 금교기(禁教期)에 초점을 맞춰 구성자산을 재검토했다.

이런 과정을 거쳐 최종 제출된 신청서에 대해 2018년 6월 30일 열린 세계유산위원회의는 등록심사에서 '독특한 유산이다', '휴먼 스토리가 표현돼 있다'라고 평가했다. 부정평가는 없었다.

'나가사키 교회군을 세계유산으로 만드는 모임'에서 활동했던 사람들은 세계유산 등록 1주년을 맞아 2019년 5월 25일과 26일 이냣쇼 마쓰리祭り를 열었다. '이냣쇼'는 일본에 처음 상륙한 선교사인 프란치스코 하비에르를 파견했던 예수회 창설자, 성 이냐시오 데 로욜라(Ignacio de Loyola, 1491~1556)의 일본식 표현이다. 이냣쇼가 일본 땅을 밟지는 않았다. 하지만 잠복 기리시탄들은 이냣쇼를 존숭하면서 '이냣쇼의 오라쇼'를 암송하기도 했다. 이런 점에서 착안해 세계문화유산 등록기념 축제를 '이냣쇼 마쓰리'로 명명한 것이다. 첫 이냣쇼 마쓰리 행사 중에 기념비 제막식도 거행됐다. 가키모리 씨는 이냣쇼 마쓰리 실행위원회 간사로 참여했다.

아코기阿古木마을은 섬의 북쪽에 있다. 가키모리 씨의 집 진입로는 4륜 구동 자동차만 다닐 수 있을 정도로 좁고 험했다. 그래서 가키모리 씨는 4륜 구동 자동차를 타고 다닌다. 고갯길을 내려가면 바로 바닷가가 나온다. 거기에 그의 집이 있었다. 집 앞에는 '가쿠레 기리시탄 마을'이라는 간판이 걸려 있었다. 그의 조상들도 소토메에서 건너와 이곳에 정착했다. 그는 "당시 조상들은 감자라도 심어 먹을 수 있거나 물고기라도 잡을 수만 있다면 좋겠다는 바람을 갖고 바다를 건넜다"고 말했다. 최소한의 생존가능성만 있다면 이주를 결심했던 당시 잠복 기리시탄들의 절박함을 잘 나타내주는 말이다. 이 마을에 살았던 사람들도 모두 가쿠레 기리시탄이었다.

이 섬에서는 가즈라시마葛島 지역 잠복 기리시탄들만 가톨릭교회로 복귀했다. 나머지 지역 잠복 기리시탄들은 가톨릭교회에 돌아가지 않고 조상들의 신앙방식을 고수했다. 이들은 오랜 잠복기를 거치면서 불교와 심하게 습합된 신앙생활을 하게 됐다. 이들에게는 돌아가신 선조의 위패를 절에 모셔두는 습관이 있었다. 위패 뒤에 조안나, 페드로 같은 세례명을 써뒀지만 파리외방전교회 신부들은 이 위패들을 불태우라고 주문했다. 이들은 이를 수용할 수 없었다.

가키모리 씨의 집은 특이하게 설계됐다. 거실은 작은 교회처럼 꾸며져 있었다. 실제로 간혹 여기서 미사를 드리기도 한다고 했다. 한쪽 방은 자료전시실로 조성돼 있었다. 10명 내외의 인원이면 이곳에서 묵을 수도 있다.

가키모리 씨는 이곳을 '금교기 기리시탄 연구회'에 제공하기도 하고 청소년 견학단 등 단체에 숙소로 내주기도 한다.

일본 목조교회의 백미, 에가미江上천주당

나루시마의 잠복 기리시탄 가운데 처음으로 가톨릭교회에 복귀한 것은 섬 북부에 있는 작은 섬인 가즈라시마葛島 기리시탄들이었다.

▲◀나루시마(奈留島) 아코기(阿古木)마을에 있는 가키모리 가즈토시(柿森 和年) 씨의 집
▲▶가키모리 가즈토시(柿森 和年) 씨의 집 거실
▼◀가키모리 가즈토시(柿森 和年) 씨(왼쪽)와 안도 구니아키(安東 邦昭) 일본 전국가쿠레기리
시탄연구회 회장
▼▶가키모리 가즈토시(柿森 和年) 씨의 집 앞에 걸려 있는 '가쿠레 기리시탄 마을' 간판

    가즈라시마는 작은 섬이었지만 식수가 풍족했고 어장과도 가까워
소토메 잠복 기리시탄 12세대가 자리를 잡았다. 이들은 나루시마의
다른 기리시탄들과 달리 일찍 가톨릭교회에 복귀했다. 그리스도교가
묵인되자 신부가 한 달에 한 번씩 이 섬에 들러 미사를 봉헌했다. 이들
은 1899년 교회를 세웠다. 가즈라시마교회는 나루시마 가쿠레 기리
시탄들을 가톨릭교회로 복귀시키기 위한 활동의 거점 역할을 했다.
그러나 태풍피해와 겨울철 계절풍으로 인한 연락선 결항이 잦아 곤궁을 겪던 이 섬 주민들은 1973년 나루시마 중심부로 집단이주했다. 교회도 폐쇄됐다.

나루시마도 도시화의 물결을 거스르지 못했다. 1965년 7,600명 정도였던 섬의 인구가 지금은 3,000명이 채 안 된다. 네 군데 있던 교회도 나루奈留와 에가미江上에만 남게 됐다. 이 가운데 에가미천주당이 세계유산 구성자산에 포함됐다.

에가미 지역은 나루시마의 북서부에 있다. 지금은 나루항에서 차로 20분 정도면 갈 수 있다. 그러나 1992년 터널이 개통되기 전까지는 교통이 불편한 외딴 마을이었다. 이곳에는 소토메에서 이주해온 잠복 기리시탄 4가족이 살고 있었다. 이들이 1881년 세례를 받고 가톨릭교회로 복귀했다. 이들은 지금의 터널 위로 나 있던 고갯길을 넘어 노를 젓는 배로 가즈라시마교회까지 다니기도 했다. 에가미 지역

에가미(江上) 천주당

하트 모양으로 휘어진 나뭇가지. 에가미(江上)천주당 앞에 있다.

의 신자도 차차 늘어났다. 1906년에 교회를 지었다. 지금의 교회는 1918년에 다시 지은 것이다. 당시는 이 지역에 신자가 190명이나 됐다. 그해에는 이 지역에서 '기비나'라고 부르는 샛줄멸잡이가 대풍이어서 건설자금을 자력으로 마련할 수 있었다고 전한다. 교회의 설계와 시공은 유명한 교회건축가 데쓰카와 요스케鐵川 與助가 맡았다. 이교회는 데쓰카와의 목조교회 가운데 최고봉으로 평가된다. 숲속에 자리 잡은 교회의 외관은 흰색 바탕에 하늘색 창호로 꾸며져 녹색의 숲과 잘 어우러진다. 내부는 리브 볼트 천정으로 마무리돼 있다. 나무기둥은 나무결을 잘 살린 조각으로 장식돼 있어 아름다움을 더한다. 숲속의 습기를 고려해 바닥을 높게 설계했다. 기와지붕도 목조건물의 운치를 더한다. 주로 벽돌조 또는 철근콘크리트조 교회를 짓던 시절에 지어진 목조교회이다. 교회의 규모가 작아 목조로 지은 것으로 보인다. 데쓰카와에게 축적된 목조교회 건축 기술이 유감없이 발휘된 것이 특징이다. 2008년 국가 중요문화재로 지정됐다.

우리 일행을 기다리고 있던 택시 운전사는 교회 관람을 마치고 돌아오는 우리에게 교회 마당의 나뭇가지를 가리켰다. 신기하게도 나뭇가지가 하트 모양으로 휘어져 있었다.

돌로 지은 가시라가시마頭ヶ島교회

나카도리시마中通島와 주변의 작은 섬인 와카마쓰지마若松島, 가시라가시마頭ヶ島 등을 포함하는 행정구역이 신가미고토초新五島町다. 나가사키현 미나미마쓰우라군南松浦郡에 속한다. 인구는 1만 8,000여 명이다.

신가미고토초에도 가미고토上五島공항이 있었으나 승객감소로 2006년 폐쇄됐다. 주항구인 나라오奈良尾항에는 나가사키항과 후쿠에항을 연결하는 연락선이 드나든다. 나가사키항에서는 제트포일로 1시간 15분, 페리로 2시간 35분 정도 걸린다. 와카마쓰지마와 가시라가시마는 나카도리시마에서 다리로 연결돼 있다. 신가미고토초에는 교회가 29곳 있다. 이 교회들을 순방하는 순례객들의 모습을 쉽게 볼 수 있다. 이곳에서도 렌터카를 이용할 수 있다.

신가미고토초에서 세계유산 구성자산에 포함된 교회는 가시라가시마頭ヶ島교회가 유일하다. 가시리가시마는 나카도리지마의 북동쪽에 있다. 가시라가시마교회에 가려면 가미고토공항에서 출발하는 셔틀버스를 이용해야 한다. 진입로가 좁고 경사가 심해 일반 차량의 진입을 제한하고 있기 때문이다. 폐쇄된 가미고토공항은 가시라가시마

가시라가시마(頭ヶ島)교회

교회 인포메이션센터로 운영되고 있다.

　가시라가시마는 에도시대 말기까지 무인도였다. 1858년부터 사람들이 들어가 살기 시작했다. 이주해온 사람들은 대부분 잠복 기리시탄들이었다. 1866년에는 16세대, 130명 정도의 기리시탄들이 이 섬에 살고 있었다. 이 섬의 기리시탄들도 가미고토 지역의 기리시탄들처럼 신자발견 소식을 듣고 오우라천주당으로 달려가 세례를 받고 가톨릭교회로 복귀했다.

　가시라가시마에 도착하면 아름다운 석조교회가 보인다. 일본에서는 보기 드문 석조교회이다. 이 지역 신자들은 1887년 목조교회를 건립했다. 지금의 교회는 1910년 착공해 1919년에 완성됐다. 근처의 사암을 채취해 지었다. 설계는 데쓰카와 요스케가 맡았다. 신자들은 건축자금 부족으로 공사를 몇 차례 중단해야 했다. 신자들이 낮에는

신도 순교자 기념탑

고문석 형상 조형물

교회건축공사에 힘을 쏟고 밤에는 생업인 오징어잡이를 해가며 교회를 지었다. 채취한 석재를 옮기는 일도 신자들의 몫이었다. 교회는

도밍고 모리마쓰 지로(森松 次郎)가 세운 전도사양성소 터 기념비

2001년 국가 중요문화재로 지정됐다.

　교회 옆에는 교회묘지가 있다. 십자가가 세워진 묘비들이 늘어서
있다. 이 지역에서는 선사시대 유물도 발굴됐다. 조몬縄文시대 전기의
생활 흔적이 발견됐고 한반도 신석기시대 유적에서 발견되는 칠무늬
토기도 여기서 출토됐다. 조몬시대는 대략 우리의 신석기시대에 해당
하는 일본사의 시대구분이다.

와카마쓰시마若松島의 기리시탄 동굴과 마지막 가쿠레 기리시탄 지도자 사카이坂井 씨

　와카마쓰시마若松島는 나카도리지마의 남서쪽에 있다. 와카마쓰시
마의 남쪽에는 기리시탄 동굴 이라는 곳이 있다. 기리시탄들이 박해

를 피해 숨어 지냈다는 곳이다. 육로로는 갈 수 없다. 배로 갈 수밖에 없다. 석회암지대에 형성된 석회동굴이다. 절벽해안에 폭 5m, 깊이 50m 정도의 동굴이 있었다. 3가족 12명이 이곳에서 석 달을 지냈다고 한다. 이들은 석회암에서 떨어지는 물방울들을 모아 식수로 활용했다.

이 동굴은 다른 곳에서는 보이지 않아 은신하기에 안성맞춤이었다. 그러나 어느 날 이곳에서 피어오르는 연기를 수상히 여기고 찾아온 관원들에게 발각되고 말았다. 체포된 이들은 혹독한 고문을 받아야 했다. 1967년에는 이곳에 '평화의 그리스도 상'이 건립됐다.

그런데 2019년 5월 어느 날 우리를 기리시탄 동굴까지 데려다준 배 쇼후쿠마루祥福丸의 선장 사카이 요시히로坂井 好弘 씨가 가쿠레시리

하리노멘도. 기리시탄 동굴의 뒷모습이다. 바늘구멍이라는 뜻인데 굴 형태가 아기 예수를 안고 있는 마리아상과 닮았다.

기리시탄 동굴 입구

기리시탄 동굴

시탄 조직의 지도자인 조카타帳方였다. 63세라고 밝힌 사카이 씨의 집은 와카마쓰시마 후카우라深浦 포구 가까이에 있었다.

동행했던 안도 구니아키 선생은 수년 전 이곳에 왔다가 묵었던 료칸의 오카미상으로부터 사카이 씨를 소개받았다고 했다. 그 인연으로 우리는 사카이 씨의 집에서 한 시간 정도 대화를 할 수 있었다. 오카미상이란 일본의 료칸이나 음식점의 여주인을 말한다.

사카이 씨가 이끌고 있는 가쿠레 기리시탄 조직에는 20여 가족이 소속돼 있다. 고토열도에 유일하게 남아 있는 가쿠레 기리시탄 조직이다. 이들은 아직도 가쿠레 기리시탄의 특성을 고스란히 간직하고 있었다. 이들이 스스로 가쿠레 기리시탄임을 밝힌 것도 불과 10여 년 전이었다. 그 전까지는 철저하게 외부에 존재를 드러내지 않았다. 이들도 소토메에서 이주해온 잠복 기리시탄의 후손이었다. 이들 조직을 대대로 이끌어 온 초카타는 원래 사카이 씨의 처가인 후카우라深浦 씨였다. 사카이 씨의 장인에게 아들이 없었기 때문에 초카타 역을 사카이 씨가 물려받게 됐다.

이들은 1년에 두 차례 마리아상 앞에 모여 예배를 한다. 마리아상은 세 마을에 감춰져 있다. 마리아상이 어느 집에 있는지는 비밀이다. 이 마리아상들은 조상들이 금교령 이전에 서양 신부들에게 선해 받았던 것들이다. 예배가 있을 때는 주먹밥과 단무지, 생선회, 술, 초코렛 등을 준비한다고 한다. 몸을 깨끗이 씻고 마리아상이 있는 곳으로 간다. 예배용 의복은 가져가 그곳에서 갈아입는다. 남의 눈에 띄지 않도록 하기 위해서다.

이 밖에도 소토메에서 이주해온 기리시탄의 후예답게 바스창력에 따라 신앙생활을 이어간다.

이들은 이 마을에 있는 야마가미山神신사에서 매년 음력 10월 마

후카우라(深浦) 야마가미(山神). 이 지역 가쿠레 기리시탄이 해마다 이곳에서 마쓰리를 거행한다.

쓰리를 진행한다. 신사는 약 350년 전에 지어졌다고 한다. 이들은 불교와는 어떤 관계도 맺고 있지 않다.

프란치스코 교황이 2019년 11월 일본을 방문할 예정이었다. 교황은 나가사키도 방문할 계획이었다. 교황청에서도 일본 가쿠레 기리시탄의 존재를 잘 알고 있다. 나가사키 대교구에서는 교황의 나가사키 방문 때 교황과 사카이 씨가 만날 수 있도록 하기 위한 노력을 기울이고 있다. 대교구에서도 사카이 씨에게 교황을 만나달라고 부탁을 했다고 한다. 이에 대해 사카이 씨는 아직 어떻게 할지 결정을 하지 못했다고 했다. 그는 "예수님이나 마리아님이 오신다면 당연히 가서 뵈어야 하겠지만 교황은 군이 만날 필요가 있을 것 같지 않다"며 "교황은 우리와 똑같은 인간에 불과하지 않느냐"고 반문했다. 그러면서 그는 1981년 나가사키를 방문했던 교황 요한 바오로 2세가 자신의 장인에게 선물했다는 십자가 목걸이를 보여줬다.

그는 기리시탄 조직이 소멸해가는 것은 어쩔 수 없는 현상으로 받아들이는 것 같았다. 그는 "우리는 조상들이 목숨을 걸고 지켜온 신앙을 그대로 지켜갈 뿐이다. 누구에게도 권하지 않고 가톨릭교회로 돌아가겠다는 사람을 붙잡지도 않는다"며 "최후의 한 사람이 남을 때까지 신앙을 지켜갈 것"이라고 밝혔다. 그는 또 "다행히 나가사키현청에서 근무하고 있는 아들이 뒤를 잇겠다고 해 이곳의 가쿠레 기리시탄 조직은 아직 절망적이지 않다"며 흐뭇한 미소를 지어 보였다. 그는 마침 집에 있던 초등학생 손자를 가리키며 "저 아이도 우리의 신앙을 반드시 이어가겠다고 했다"며 자랑스러워했다. 그는 또 "예수님의 제자들도 어부들이었지 않냐"며 "나도 어부로 살아가고 있는 것을 자랑스럽게 생각한다"며 환하게 웃었다.

노자키시마野崎島와 노쿠비野首교회

노사기시마野崎島는 고토열도의 오시카조小値賀町에 속한 섬이다. 오지카지마小値賀島 동단에서 동쪽으로 2km 정도 떨어져 있다.

섬은 남북 방향으로 길쭉하게 생겼다. 남북으로 6km, 동서로 1.6km 정도이다. 섬 대부분은 경사가 급한 산지이다. 섬 중앙부에 평지가 조금 있다.

오지카항 옆에 있는 후에후키笛吹항에서 노자키항까지는 하루에 두 번 왕복하는 연락선이 다닌다. 35분 정도 걸린다. 오지카항까지는 사세보항에서 접근할 수 있다. 고속선은 1시간 반, 페리는 2시간 40

고토五島열도의 교회들

▲미즈노우라(水ノ浦)교회
▼아오사가우라(青砂ヶ浦)천주당

▲후쿠미(福見)천주당
▼도이노우라(土井ノ浦)교회

나카노우라(中 / 浦)교회

분 정도 걸린다.

　이 섬에는 에도시대 소토메에서 고토로 이주했던 잠복 기리시탄
들이 좀 더 나은 삶터를 찾아 들어온 곳이다. 한때는 650명 정도의
주민이 있었다. 그러나 점점 인구가 줄어들다가 1990년대부터는 아
무도 살지 않는 무인도가 됐다. 지금은 사슴 400여 마리와 멧돼지들
이 살고 있다.

　마을은 섬 남서부와 중앙부, 남동부 3곳에 있었다. 섬 중앙부에 노
쿠비(野首)교회가 있다. 노쿠비교회는 1971년 최후의 신자가 섬을 떠
나면서 방치됐다. 그러나 이 교회의 역사적, 문화적 가치를 높이 평가

한 오지카초(小値賀町)가 보수를 하고 관리까지 하고 있다. 1989년에는 나가사키현이 유형문화재로 지정했다.

　이 섬의 기리시탄들은 1908년 노쿠비교회를 건립했다. 신자들은 샛줄멸잡이를 하며 교회를 짓기 위한 자금을 모았다. 그래도 충분하지 않은 자금을 조성하기 위해 식사를 하루에 두 끼만 했다. 이들은 경비를 최대한 줄이기 위해 공동취사까지 했다.

　교회는 데쓰카와가 설계하고 시공감독까지 했다. 이렇게 붉은 벽돌조의 수려한 교회가 완성됐다. 내부는 리브 볼트 천정과 스테인드글라스 창으로 마감돼 아름다움을 더한다. 나무 기둥의 조각도 섬세하다.

제8부

다시 읽는 엔도 슈사쿠의 소설
〈침묵〉

잠복 기리시탄 관련 유산 답사기를 쓰며 엔도 슈사쿠(遠藤 周作, 1923~1996)의 소설 〈침묵沈默〉을 언급하지 않을 수 없다.

1966년 발표된 〈침묵〉은 기리시탄에 대한 박해가 혹독하던 17세기 전반의 신부와 신자들에 대한 이야기를 담고 있다. 〈침묵〉의 성공은 이 소설이 일본뿐 아니고 한국어를 비롯한 13개 언어로 번역됐다는 것으로 설명된다. 두 번이나 영화화된 진기록도 갖고 있다. 1971년 일본에서 영화화됐고 2016년에는 헐리우드에서도 〈사일런스 SILENCE〉라는 제목으로 영화를 제작했다. 이 영화는 우리나라에서도 개봉됐다. 〈침묵〉은 1993년 일본에서 오페라로 제작되기도 했다.

그러나 가톨릭교회 신자였던 엔도의 소설 〈침묵〉은 발표 당시부터 교회의 반발을 불렀다. 나가사키교구에서는 금서로 지정되기까지 했다. 일본 교회사에는 금교기의 모진 박해에도 굴하지 않고 신앙을 지켜낸 영웅적 순교자들이 많다. 그러나 엔도는 순교자가 아닌 고문에 굴복해 배교(背敎)한 신부들에 주목했다. 이것이 교회의 몰이해를 부른 첫 번째 원인이었다.

교회는 순교자에 대한 자료와 연구결과는 많이 갖고 있다. 그러나

영화 '사일런스' 포스터

고문을 이겨내지 못하고 굴복한 성직자나 신자들에 대한 기록은 드물다. 도려내야 할 썩은 가지 정도로 여겨졌다. 실제로 배교한 신부들은 교회로부터 파문당했다.

모든 사람들이 강한 신념을 소유할 수는 없는 것이다. 현실에서는 혹독한 고문을 이겨내지 못하는 약한 사람들이 더 많은 법이다. 잠복 기리시탄은 사실 후미에를 밟았던 사람들이다. 밟지 않고 버틴 기리시탄은 살아남을 수 없었다. 후미에를 밟았던 기리시탄들은 벌벌 떨며 신의 용서를 비는 삶을 살았던 것이다. 지역에 따라 다르지만 규슈 대부분의 지역에서 에부미는 매년 정기적으로 실시됐다. 이상 징후가 있을 때는 수시로 실시되기도 했다. 후미에를 밟은 기리시탄은 양심을 짓누르는 최책감으로 신에게는 감히 용서를 빌지 못했다. 이들은 어머니 같은 산타마리아님에게 용서를 빌어달라고 당부하는 양태를 많이 보였다.

엔도는 일본의 전국민이 전쟁에 동원되던 1943년에 대학에 입학했다. 군국주의의 광기가 절정에 달했을 때였다. 이때 일본에는 자신의 신념을 포기하고 사상전향을 한 인텔리들이 많았다. 엔도는 자신의 스승과 선배들 가운데 이런 사람이 많았다고 회고했다.

러시아에서 1917년 볼셰비키혁명이 성공했다. 이 영향으로 1920년대 일본 지식인 사회에서는 공산주의와 무정부주의가 성행했다. 공산주의자나 무정부주의자는 일본제국의 원초적 근간인 덴노를 부정했다. 군국주의로 치닫던 일본은 이들을 허용할 수 없었다. 1925년 일본이 이들을 발본색원하기 위해 제정한 법률이 치안유지법이다. 우리 국가보안법의 모체가 됐다고 알려진 악명 높은 법률이다. 과연 치안유지법의 효과는 대단했다. 1930년대에 이르러 일본의 공산주의자와 무정부주의자들은 궤멸됐다. 이들은 사상전향을 강요받았다. 사상전향서는 현대판 후미에인 셈이었다. 탄압을 못 이겨 사상전향을 했던 인텔리들이 군국주의 일본에서 살아남기 위해 오히려 더욱 덴노에 대한 충성을 보이는 세태도 만연했다.

　치안유지법의 마수는 조선의 그리스도교 신자들에게까지 뻗쳐졌다. 일제는 조선의 그리스도교 신자들에게도 신사참배를 요구했다. 이 요구를 뒷받침했던 법률도 역시 치안유지법이었다. 유일신을 믿는 그리스도교 신자들에게 신사참배는 받아들일 수 없는 요구였다. 일부에서 신사참배 반대 운동도 전개했다. 그러나 조선의 그리스도교 신자들은 대부분 신사참배 요구를 수용했다. 후미에를 밟았던 것이다. 물론 신사참배에 반대해 순교하거나 살인적인 옥고를 치른 신자들도 없지 않았다. 하지만 어디까지나 소수였다. 그리스도교 교회들은 해방 후 다양한 방식으로 일제강점기의 신사참배는 신자로서 잘못된 행위였다고 고백하며 참회했다. 치안유지법은 그만큼 위협적이었다. 신자들은 그만큼 약했다.

　엔도 슈사쿠도 자신에게 그런 상황이 닥친다면 자신도 살아남기 위해 신념을 굽힐 수밖에 없는 약자였을 것이라고 고백했다.

　엔도는 훗날 많은 독자들이 〈침묵〉을 잘못 이해하고 있다는 것을 알게 됐다. 소설의 제목인 〈침묵〉에 기인한 오독도 많았다. 많은 독자들이 이 소설의 주제를 가혹한 고문에 무참히 희생되는 기리시탄을 보고도 침묵만 지키고 있는 신에 대한 원망이라고 이해하고 있었다. 소설의 제목이 〈침묵〉이었으니 그런 현상도 무리는 아니었다. 엔도는 이를 해명하고 독자의 오해를 풀기 위해 1992년 『침묵의 소리』라는 해설서를 출간했다. 엔도는 이 책에서 소설의 제목은 무심코 출판사 직원의 권유에 따라 붙였던 것이라고 밝혔다. 엔도는 오히려 신이 후미에 앞에서 두려움에 떨고 있는 기리시탄들에게 "밟아라. 어서 밟아라. 나는 괜찮다. 네 마음을 내가 잘 알고 있다"고 말했을 것이라고 술회했다. 신이 침묵한 것 같지만 사실은 끊임없이 기리시탄을 위로하고 용서하며 무한한 사랑을 보냈을 것이라는 것이다.

이 소설의 끝부분에는 '기리시탄 주거지 관리인의 일기'(切支丹屋敷役人日記)라는 장이 있다. 그런데 대부분의 독자들이 이 장을 읽지 않고 책을 덮었다. 한국어 번역본을 비롯한 외국어 번역본에서는 이 부분을 아예 번역하지도 않았다. 엔도는 이 장을 고문서의 문체로 썼다. 일본의 독자들은 읽기 어려운 이 부분을 부록쯤으로 여기고 건너뛰었다. 외국의 번역가들도 마찬가지였다.

그러나 엔도는 이 부분에 〈침묵〉의 주제가 담겨 있다고 밝혔다. 이 부분을 자세히 보면 배교한 기리시탄들도 여전히 관리들의 감시 속에서 살았고 계속 의심받았다. 배교자들이 신앙을 지속하고 있는 것이 발각되는 사례도 있었다. 여러 가지 정황으로 볼 때 배교한 신부들은 여전히 신앙을 유지하고 있었다고 해석된다. 배교를 밥 먹듯이 하고 돈을 받고 신부를 밀고하기까지 했던 형편없는 기리시탄인 기치지로도 50대에 이르러서는 강인한 신앙의 소유자로 변모했다.

거꾸로 매달리는 고문을 받던 신부가 매달린 지 다섯 시간 만에 기교棄敎를 선언했다고 영원한 배교자로 매도하는 것이 오히려 무리이다. 인간의 한계를 넘는 고통을 받으며 비몽사몽의 경지에 이르러 내린 의사표시를 신앙의 포기로 단죄할 수도 없는 것이다.

김승철 교수는 2016년 『침묵의 소리』 한국어 번역본을 발간하면서 '기리시탄 주거지 관리인의 일기' 부분도 번역해 함께 실었다. 자세한 주석도 달았다.

저항하기 어려운 권위 앞에 굴복해 신념을 포기한 약자들은 어느 시대에나 존재한다. 엔도는 그 약자들의 부끄러움과 죄책감을 공감했다. 그리고 따뜻한 응원의 미소를 보냈다. 〈침묵〉이 발표됐던 때는 일본에서도 좌익계열 학생운동이 절정일 때였다. 그러나 그때도 수많은 좌익계열 대학생들은 뜻을 이루지 못하고 신념을 접어둔 채 소시민으로 살아가야 했다. 〈침묵〉은 좌절한 좌익 지식인들이 애독했다고 한다. 〈침묵〉은 결국 전후 일본 소설문학의 최고봉으로 인정받았다. 일본은 1995년 엔도 슈사쿠에게 문화훈장을 수여했다. 문화훈장은 일본에서 '문화의 날'로 지정돼 공휴일인 11월 3일, 문화 발전에 공헌한 인사에게 덴노가 직접 수여하는 일본 최고의 훈장이다.

참고문헌

박양자 저.『일본 키리시탄 순교사와 조선인』. 서울: 도서출판 순교의 맥, 2008.

엔도 슈사쿠 저/김승철 역.『침묵의 소리』. 서울: 도서출판 동연, 2016.

五野井隆史 著.『日本キリスト教史』. 東京: 吉川弘文館, 1990.

塩野和夫 著.『日本キリスト教史を読む』. 東京: 新教出版社, 1997.

宮崎賢太郎 著.『カクレキリシタンの実像 日本人のキリスト教理解と受容』. 東京: 吉川弘文館, 2014.

遠藤周作 著.『沈黙』. 東京: 新潮社, 1981.

脇田安大 著.『探訪 長崎の教会群 長崎地区編』. 長崎: 長崎の教会群情報センター, 2018.

脇田安大 著.『探訪 長崎の教会群 五島列島編』. 長崎 : 長崎の教会群情報センター, 2018.

脇田安大 著.『探訪 長崎の教会群 大村·西海編』. 長崎: 長崎の教会群情報センター, 2018.

脇田安大 著.『探訪 長崎の教会群 平戸·佐世保編』. 長崎: 長崎の教会群情報センター, 2018.

脇田安大·児島康子 共著.『探訪 長崎の教会群 島原·天草編』. 長崎: 長崎の教会群情報センター, 2018.

長崎の教会群を世界遺産にする会 制作.『長崎の教会群を世界遺産に』. 長崎: 2015.